The Call of the Wild

La llamada de lo salvaje

[Bilingual Edition]

English – Spanish

by Jack London

Translated by Möwenstein

ISBN: 979-8-89513-265-4

Original text: *The Call of the Wild* (1903) by Jack London (1876-1916)

This bilingual edition—including translation, editorial revisions, formatting, and supplementary content—is produced and edited by Mowenstein Books LLC, with the original text faithfully reproduced from public-domain sources.

While every effort has been made to ensure accuracy, minor discrepancies may occur. Readers are encouraged to consult the original text for reference.

Cover Art: Inspired by *Hustling Sunlight* by Matthew Bakkom (www.hustlingsunlight.xyz)

Möwenstein Books™ is a trademark of and imprint published by Mowenstein Books LLC.

For permissions or inquiries:

Website: mowenstein.com
Email: copyright@mowenstein.com

Mowenstein Books LLC
DE, USA

Contents

Chapter I. Into the Primitive

Capítulo I. Hacia lo Primitivo

"Old longings nomadic leap,

"Salto nómada de viejos anhelos,

Chafing at custom's chain;

Rozando la cadena de la costumbre;

Again from its brumal sleep

De nuevo de su sueño brumoso

Wakens the ferine strain."

Despierta la tensión ferina."

2.1 Buck did not read the newspapers, or he would have known that trouble was brewing, not alone for himself, but for every tide-water dog, strong of muscle and with warm, long hair, from Puget Sound to San Diego.

Buck no leía los periódicos, o habría sabido que se avecinaban problemas, no sólo para él, sino para todos los perros de marea, fuertes de músculos y de pelo largo y cálido, desde Puget Sound hasta San Diego.

Because men, groping in the Arctic darkness, had found a yellow metal, and because steamship and transportation companies were booming the find, thousands of men were rushing into the Northland.

2.2

Debido a que los hombres, buscando a tientas en la oscuridad del Ártico, habían encontrado un metal amarillo, y debido a que las compañías de barcos de vapor y de transporte estaban explotando el hallazgo, miles de hombres se apresuraban a llegar a Northland.

These men wanted dogs, and the dogs they wanted were heavy dogs, with strong muscles by which to toil, and furry coats to protect them from the frost.

2.3

Estos hombres querían perros, y los perros que querían eran perros pesados, con músculos fuertes con los que trabajar y pelajes que les protegieran de las heladas.

Buck lived at a big house in the sun-kissed Santa Clara Valley.

3.1

Buck vivía en una gran casa en el soleado valle de Santa Clara.

Judge Miller's place, it was called.

3.2

Se llamaba la casa del juez Miller.

It stood back from the road, half hidden among the trees, through which glimpses could be caught of the wide cool veranda that ran around its four sides.

3.3

Estaba apartada de la carretera, medio oculta entre los árboles, a través de los cuales se podía vislumbrar el amplio y fresco porche que la rodeaba por los cuatro costados.

3.4 The house was approached by gravelled driveways which wound about through wide-spreading lawns and under the interlacing boughs of tall poplars.

Se accedía a la casa por caminos de grava que serpenteaban a través de amplios prados y bajo las ramas entrelazadas de altos álamos.

3.5 At the rear things were on even a more spacious scale than at the front.

En la parte trasera, la casa era aún más espaciosa que en la parte delantera.

3.6 There were great stables, where a dozen grooms and boys held forth, rows of vine-clad servants' cottages, an endless and orderly array of outhouses, long grape arbors, green pastures, orchards, and berry patches.

Había grandes establos, donde se reunían una docena de mozos de cuadra y mozos de cuadra, hileras de casitas de servicio revestidas de enredaderas, una interminable y ordenada serie de retretes, largos parrales, verdes pastos, huertos y campos de bayas.

3.7 Then there was the pumping plant for the artesian well, and the big cement tank where Judge Miller's boys took their morning plunge and kept cool in the hot afternoon.

También estaba la planta de bombeo del pozo artesiano y el gran depósito de cemento donde los hijos del juez Miller se zambullían por las mañanas y se refrescaban por las calurosas tardes.

4.1 And over this great demesne Buck ruled.

Y Buck gobernaba este gran dominio.

4.2 Here he was born, and here he had lived the four years of his life.

Aquí había nacido y aquí había vivido los cuatro años de su vida.

It was true, there were other dogs, There could not but be other dogs on so vast a place, but they did not count.   4.3

Es cierto que había otros perros, no podía haber más que otros perros en un lugar tan vasto, pero no contaban.

They came and went, resided in the populous kennels, or lived obscurely in the recesses of the house after the fashion of Toots, the Japanese pug, or Ysabel, the Mexican hairless, — strange creatures that rarely put nose out of doors or set foot to ground.   4.4

Iban y venían, residían en las populosas perreras, o vivían oscuramente en los recovecos de la casa al modo de Toots, el carlino japonés, o Ysabel, la mexicana sin pelo, extrañas criaturas que rara vez asomaban la nariz o ponían pie en tierra.

On the other hand, there were the fox terriers, a score of them at least, who yelped fearful promises at Toots and Ysabel looking out of the windows at them and protected by a legion of housemaids armed with brooms and mops.   4.5

Por otra parte, estaban los fox terriers, una veintena de ellos por lo menos, que aullaban temerosas promesas a Toots e Ysabel que los miraban por las ventanas y estaban protegidos por una legión de criadas armadas con escobas y fregonas.

But Buck was neither house-dog nor kennel-dog.   5.1

Pero Buck no era ni un perro casero ni un perro de perrera.

The whole realm was his.   5.2

Todo el reino era suyo.

5.3 **He plunged into the swimming tank or went hunting with the Judge's sons;**

Se zambullía en la piscina o salía de caza con los hijos del Juez;

5.4 **he escorted Mollie and Alice, the Judge's daughters, on long twilight or early morning rambles;**

acompañaba a Mollie y Alice, las hijas del Juez, en largos paseos crepusculares o mañaneros;

5.5 **on wintry nights he lay at the Judge's feet before the roaring library fire;**

en las noches de invierno, se echaba a los pies del Juez ante el crepitante fuego de la biblioteca;

5.6 **he carried the Judge's grandsons on his back, or rolled them in the grass, and guarded their footsteps through wild adventures down to the fountain in the stable yard, and even beyond, where the paddocks were, and the berry patches.**

Llevaba a los nietos del Juez a la espalda, o los hacía rodar por la hierba, y vigilaba sus pasos a través de aventuras salvajes hasta la fuente del patio del establo, e incluso más allá, donde estaban los prados y los campos de bayas.

5.7 **Among the terriers he stalked imperiously, and Toots and Ysabel he utterly ignored, for he was king, — king over all creeping, crawling, flying things of Judge Miller's place, humans included.**

Entre los terriers acechaba imperiosamente, y a Toots e Ysabel los ignoraba por completo, pues era el rey, el rey sobre todos los seres rastreros, reptantes y voladores de la casa del juez Miller, incluidos los humanos.

His father, Elmo, a huge St. Bernard, had been the Judge's inseparable companion, and Buck bid fair to follow in the way of his father. 6.1

Su padre, Elmo, un enorme San Bernardo, había sido el compañero inseparable del Juez, y Buck quiso seguir el camino de su padre.

He was not so large, — he weighed only one hundred and forty pounds, — for his mother, Shep, had been a Scotch shepherd dog. 6.2

Él no era tan grande - sólo pesaba cuarenta kilos-, pues su madre, Shep, había sido una pastora escocesa.

Nevertheless, one hundred and forty pounds, to which was added the dignity that comes of good living and universal respect, enabled him to carry himself in right royal fashion. 6.3

Sin embargo, sus ciento cuarenta libras, a las que se añadía la dignidad propia de la buena vida y el respeto universal, le permitían desenvolverse con toda realeza.

During the four years since his puppyhood he had lived the life of a sated aristocrat; 6.4

Durante los cuatro años transcurridos desde que era un cachorro, había vivido la vida de un aristócrata saciado;

he had a fine pride in himself, was even a trifle egotistical, as country gentlemen sometimes become because of their insular situation. 6.5

estaba muy orgulloso de sí mismo, e incluso era un poco egoísta, como a veces lo son los caballeros de campo debido a su situación insular.

But he had saved himself by not becoming a mere pampered house-dog. 6.6

Pero se había salvado al no convertirse en un mimado perro casero.

6.7 Hunting and kindred outdoor delights had kept down the fat and hardened his muscles;

La caza y otros placeres al aire libre habían mantenido baja la grasa y endurecido sus músculos;

6.8 and to him, as to the cold-tubbing races, the love of water had been a tonic and a health preserver.

y para él, como para las carreras de agua fría, el amor al agua había sido un tónico y un conservador de la salud.

7.1 And this was the manner of dog Buck was in the fall of 1897,

Y así era Buck en el otoño de 1897,

7.2 when the Klondike strike dragged men from all the world into the frozen North.

cuando la huelga del Klondike arrastró a hombres de todo el mundo al helado Norte.

7.3 But Buck did not read the newspapers, and he did not know that Manuel, one of the gardener's helpers, was an undesirable acquaintance.

Pero Buck no leía los periódicos y no sabía que Manuel, uno de los ayudantes del jardinero, era un conocido indeseable.

7.4 Manuel had one besetting sin.

Manuel tenía un pecado acosador.

7.5 He loved to play Chinese lottery.

Le encantaba jugar a la lotería china.

7.6 Also, in his gambling, he had one besetting weakness — faith in a system;

Además, en su juego, tenía una debilidad acosadora: la fe en un sistema;

and this made his damnation certain.   7.7

y esto hizo que su condenación fuera segura.

For to play a system requires money,   7.8

Porque para jugar a un sistema hace falta dinero,

while the wages of a gardener's helper do not lap over   7.9
the needs of a wife and numerous progeny.

mientras que el sueldo de un ayudante de jardinero no
alcanza para cubrir las necesidades de una esposa y una
prole numerosa.

The Judge was at a meeting of the Raisin Growers'   8.1
Association, and the boys were busy organizing an
athletic club, on the memorable night of Manuel's
treachery.

El Juez estaba en una reunión de la Asociación de
Productores de Pasas, y los muchachos estaban ocupados
organizando un club de atletismo, en la memorable noche
de la traición de Manuel.

No one saw him and Buck go off through the orchard   8.2
on what Buck imagined was merely a stroll.

Nadie les vio a él y a Buck salir por el huerto en lo que Buck
imaginó que era un simple paseo.

And with the exception of a solitary man,   8.3

Y con la excepción de un hombre solitario,

no one saw them arrive at the little flag station   8.4
known as College Park.

nadie los vio llegar a la pequeña estación de banderas
conocida como College Park.

8.5 This man talked with Manuel, and money chinked between them.

Este hombre habló con Manuel, y el dinero chasqueó entre ellos.

9.1 "You might wrap up the goods before you deliver 'm," the stranger said gruffly, and Manuel doubled a piece of stout rope around Buck's neck under the collar.

"Podrías envolver la mercancía antes de entregarla," dijo el forastero con brusquedad, y Manuel dobló un trozo de cuerda resistente alrededor del cuello de Buck, por debajo de la nuca.

10.1 "Twist it, an' you'll choke 'm plentee," said Manuel, and the stranger grunted a ready affirmative.

"Gírala y te atragantarás," dijo Manuel, y el desconocido gruñó afirmativamente.

11.1 Buck had accepted the rope with quiet dignity.

Buck había aceptado la cuerda con tranquila dignidad.

11.2 To be sure, it was an unwonted performance: but he had learned to trust in men he knew, and to give them credit for a wisdom that outreached his own.

Sin duda, era una actuación poco habitual, pero había aprendido a confiar en los hombres que conocía y a reconocerles una sabiduría que superaba la suya propia.

11.3 But when the ends of the rope were placed in the stranger's hands,

Pero cuando los extremos de la cuerda fueron puestos en manos del desconocido,

11.4 he growled menacingly.

gruñó amenazadoramente.

He had merely intimated his displeasure, 11.5
Se había limitado a insinuar su desagrado,

in his pride believing that to intimate was to command. 11.6
creyendo en su orgullo que insinuar era mandar.

But to his surprise the rope tightened around his neck, shutting off his breath. 11.7
Pero, para su sorpresa, la cuerda se tensó alrededor de su cuello, cortándole la respiración.

In quick rage he sprang at the man, who met him halfway, grappled him close by the throat, and with a deft twist threw him over on his back. 11.8
Presa de la rabia, se abalanzó sobre el hombre, que le salió al paso, le agarró por el cuello y, con un hábil giro, le arrojó de espaldas.

Then the rope tightened mercilessly, while Buck struggled in a fury, his tongue lolling out of his mouth and his great chest panting futilely. 11.9
Entonces la cuerda se tensó sin piedad, mientras Buck luchaba con furia, con la lengua fuera de la boca y el pecho jadeando inútilmente.

Never in all his life had he been so vilely treated, 11.10
Nunca en toda su vida había sido tratado tan vilmente,

and never in all his life had he been so angry. 11.11
y nunca en toda su vida había estado tan furioso.

11.12 But his strength ebbed, his eyes glazed, and he knew nothing when the train was flagged and the two men threw him into the baggage car.

Pero sus fuerzas menguaron, sus ojos se vidriaron y no supo nada cuando el tren se detuvo y los dos hombres lo arrojaron al vagón de equipajes.

12.1 The next he knew, he was dimly aware that his tongue was hurting and that he was being jolted along in some kind of a conveyance.

Lo siguiente que supo fue que le dolía la lengua y que le estaban sacudiendo en algún tipo de medio de transporte.

12.2 The hoarse shriek of a locomotive whistling a crossing told him where he was.

El chillido ronco de una locomotora silbando en un cruce le indicó dónde se encontraba.

12.3 He had travelled too often with the Judge not to know the sensation of riding in a baggage car.

Había viajado demasiadas veces con el Juez como para no conocer la sensación de ir en un vagón de equipajes.

12.4 He opened his eyes,

Abrió los ojos,

12.5 and into them came the unbridled anger of a kidnapped king.

y en ellos apareció la ira desenfrenada de un rey secuestrado.

12.6 The man sprang for his throat,

El hombre se abalanzó sobre su garganta,

12.7 but Buck was too quick for him.

pero Buck fue demasiado rápido para él.

His jaws closed on the hand, 12.8

Sus mandíbulas se cerraron sobre la mano,

nor did they relax till his senses were choked out of him once more. 12.9

y no se relajaron hasta que sus sentidos volvieron a quedar ahogados.

"Yep, has fits," 13.1

"Sí, tiene ataques,"

the man said, hiding his mangled hand from the baggageman, who had been attracted by the sounds of struggle. 13.2

dijo el hombre, ocultando su mano destrozada al cargador, que se había sentido atraído por los ruidos de la lucha.

"I'm takin' 'm up for the boss to 'Frisco. 13.3

"Me lo llevo para el jefe a 'Frisco.

A crack dog-doctor there thinks that he can cure 'm." 13.4

Un médico de perros cree que puede curarlo."

Concerning that night's ride, the man spoke most eloquently for himself, in a little shed back of a saloon on the San Francisco water front. 14.1

Sobre el viaje de aquella noche, el hombre habló con elocuencia por sí mismo, en un pequeño cobertizo detrás de una taberna en el paseo marítimo de San Francisco.

"All I get is fifty for it," he grumbled; 15.1

"Todo lo que consigo son cincuenta por ello," refunfuñó;

"an' I wouldn't do it over for a thousand, cold cash." 15.2

"y no lo volvería a hacer ni por mil, fríos billetes."

16.1 His hand was wrapped in a bloody handkerchief, and the right trouser leg was ripped from knee to ankle.
Tenía la mano envuelta en un pañuelo ensangrentado y la pernera derecha del pantalón desgarrada desde la rodilla hasta el tobillo.

17.1 "How much did the other mug get?" the saloon-keeper demanded.
"¿Cuánto se llevó el otro jeta?" preguntó el tabernero.

18.1 "A hundred," was the reply.
"Cien," fue la respuesta.

18.2 "Wouldn't take a sou less, so help me."
"No aceptaría ni un céntimo menos, así que ayúdame."

19.1 "That makes a hundred and fifty,"
"Eso hace ciento cincuenta,"

19.2 the saloon-keeper calculated; "and he's worth it,
calculó el tabernero; "y él lo vale,

19.3 or I'm a squarehead."
o yo soy un cabeza cuadrada."

20.1 The kidnapper undid the bloody wrappings and looked at his lacerated hand.
El secuestrador deshizo el envoltorio ensangrentado y se miró la mano lacerada.

20.2 "If I don't get the hydrophoby — "
"Si no consigo el hidrofóbico — "

21.1 "It'll be because you was born to hang,"
"Será porque has nacido para la horca,"

laughed the saloon-keeper. 21.2

rió el tabernero.

"Here, lend me a hand before you pull your freight," 21.3
he added.

"Toma, échame una mano antes de tirar de tu carga,"
añadió.

Dazed, suffering intolerable pain from throat and 22.1
tongue, with the life half throttled out of him, Buck
attempted to face his tormentors.

Aturdido, sufriendo un dolor intolerable de garganta y
lengua, con la vida a medio estrangular, Buck intentó
enfrentarse a sus torturadores.

But he was thrown down and choked repeatedly, 22.2

Pero le tiraron al suelo y le asfixiaron repetidamente,

till they succeeded in filing the heavy brass collar 22.3
from off his neck.

hasta que consiguieron arrancarle el pesado collar de latón
del cuello.

Then the rope was removed, and he was flung into a 22.4
cagelike crate.

Entonces le quitaron la cuerda y lo metieron en una jaula.

There he lay for the remainder of the weary night, 23.1

Allí permaneció tumbado el resto de la cansada noche,

nursing his wrath and wounded pride. 23.2

alimentando su ira y su orgullo herido.

He could not understand what it all meant. 23.3

No entendía qué significaba todo aquello.

23.4 **What did they want with him, these strange men?**

¿Qué querían de él esos hombres extraños?

23.5 **Why were they keeping him pent up in this narrow crate?**

¿Por qué lo mantenían encerrado en aquel estrecho cajón?

23.6 **He did not know why,**

No sabía por qué,

23.7 **but he felt oppressed by the vague sense of impending calamity.**

pero se sentía oprimido por la vaga sensación de una calamidad inminente.

23.8 **Several times during the night he sprang to his feet when the shed door rattled open, expecting to see the Judge, or the boys at least.**

Varias veces durante la noche se levantó de un salto cuando se abrió la puerta del cobertizo, esperando ver al Juez, o al menos a los muchachos.

23.9 **But each time it was the bulging face of the saloon-keeper that peered in at him by the sickly light of a tallow candle.**

Pero cada vez era el abultado rostro del tabernero el que se asomaba a la enfermiza luz de una vela de sebo.

23.10 **And each time the joyful bark that trembled in Buck's throat was twisted into a savage growl.**

Y cada vez el alegre ladrido que temblaba en la garganta de Buck se convertía en un gruñido salvaje.

24.1 **But the saloon-keeper let him alone,**

Pero el tabernero le dejó en paz,

and in the morning four men entered and picked up the crate.

24.2

y por la mañana entraron cuatro hombres y cogieron la caja.

More tormentors, Buck decided, for they were evil-looking creatures, ragged and unkempt;

24.3

Más atormentadores, decidió Buck, pues eran criaturas de aspecto malvado, harapientas y desaliñadas;

and he stormed and raged at them through the bars.

24.4

y se ensañó con ellos a través de los barrotes.

They only laughed and poked sticks at him,

24.5

Ellos sólo se rieron y le clavaron palos,

which he promptly assailed with his teeth till he realized that that was what they wanted.

24.6

que él rápidamente atacó con los dientes hasta que se dio cuenta de que eso era lo que querían.

Whereupon he lay down sullenly and allowed the crate to be lifted into a wagon.

24.7

Entonces se tumbó hoscamente y permitió que subieran el cajón a un vagón.

Then he, and the crate in which he was imprisoned, began a passage through many hands.

24.8

Entonces, él y el cajón en el que estaba aprisionado empezaron a pasar por muchas manos.

Clerks in the express office took charge of him;

24.9

Los empleados de la oficina de correos se hicieron cargo de él;

he was carted about in another wagon;

24.10

fue transportado en otro vagón;

16

24.11 **a truck carried him, with an assortment of boxes and parcels, upon a ferry steamer;**
un camión lo llevó, con un surtido de cajas y paquetes, a un transbordador de vapor;

24.12 **he was trucked off the steamer into a great railway depot,**
fue transportado en camión desde el transbordador a un gran depósito ferroviario,

24.13 **and finally he was deposited in an express car.**
y finalmente fue depositado en un vagón de correos.

25.1 **For two days and nights this express car was dragged along at the tail of shrieking locomotives;**
Durante dos días y dos noches, este vagón expreso fue arrastrado a la cola de locomotoras chillonas;

25.2 **and for two days and nights Buck neither ate nor drank.**
y durante dos días y dos noches Buck ni comió ni bebió.

25.3 **In his anger he had met the first advances of the express messengers with growls, and they had retaliated by teasing him.**
En su cólera, había respondido a las primeras insinuaciones de los mensajeros con gruñidos, y ellos se habían vengado burlándose de él.

25.4 **When he flung himself against the bars, quivering and frothing, they laughed at him and taunted him.**
Cuando se arrojó contra los barrotes, temblando y echando espumarajos, se rieron de él y se burlaron.

They growled and barked like detestable dogs, mewed, and flapped their arms and crowed.

25.5

Gruñían y ladraban como perros detestables, maullaban, agitaban los brazos y cacareaban.

It was all very silly, he knew;

25.6

Todo aquello era una tontería, lo sabía;

but therefore the more outrage to his dignity, and his anger waxed and waxed.

25.7

pero, por lo tanto, ultrajaba aún más su dignidad, y su cólera crecía y crecía.

He did not mind the hunger so much,

25.8

No le importaba tanto el hambre,

but the lack of water caused him severe suffering and fanned his wrath to fever-pitch.

25.9

pero la falta de agua le causaba graves sufrimientos y avivaba su ira hasta la fiebre.

For that matter, high-strung and finely sensitive, the ill treatment had flung him into a fever, which was fed by the inflammation of his parched and swollen throat and tongue.

25.10

El maltrato le había provocado fiebre, alimentada por la inflamación de su garganta y lengua resecas e hinchadas.

He was glad for one thing: the rope was off his neck.

26.1

Se alegró de una cosa: ya no tenía la soga al cuello.

That had given them an unfair advantage; but now that it was off, he would show them.

26.2

Eso les había dado una ventaja injusta, pero ahora que ya no la tenía, se lo demostraría.

26.3 **They would never get another rope around his neck.**
Nunca volverían a ponerle la soga al cuello.

26.4 **Upon that he was resolved.**
Así lo había decidido.

26.5 **For two days and nights he neither ate nor drank, and during those two days and nights of torment, he accumulated a fund of wrath that boded ill for whoever first fell foul of him.**
Durante dos días y dos noches no comió ni bebió, y en esos dos días y dos noches de tormento acumuló un fondo de ira que presagiaba mal para el primero que cayera en sus garras.

26.6 **His eyes turned blood-shot, and he was metamorphosed into a raging fiend.**
Sus ojos se ensangrentaron y se transformó en un demonio furioso.

26.7 **So changed was he that the Judge himself would not have recognized him;**
Tan cambiado estaba que el propio Juez no lo habría reconocido;

26.8 **and the express messengers breathed with relief when they bundled him off the train at Seattle.**
y los mensajeros del expreso respiraron aliviados cuando lo bajaron del tren en Seattle.

27.1 **Four men gingerly carried the crate from the wagon into a small, high-walled back yard.**
Cuatro hombres sacaron con cuidado la caja del vagón y la llevaron a un pequeño patio trasero de paredes altas.

A stout man, with a red sweater that sagged generously at the neck, came out and signed the book for the driver.

27.2

Un hombre corpulento, con un jersey rojo que le caía generosamente por el cuello, salió y firmó el libro para el conductor.

That was the man, Buck divined, the next tormentor, and he hurled himself savagely against the bars.

27.3

Buck adivinó que ése era el hombre, el próximo verdugo, y se lanzó salvajemente contra los barrotes.

The man smiled grimly, and brought a hatchet and a club.

27.4

El hombre sonrió sombríamente y trajo un hacha y un garrote.

"You ain't going to take him out now?" the driver asked.

28.1

"¿No vas a sacarlo ahora?" preguntó el conductor.

"Sure," the man replied,

29.1

"Claro," respondió el hombre,

driving the hatchet into the crate for a pry.

29.2

clavando el hacha en el cajón para hacer palanca.

There was an instantaneous scattering of the four men who had carried it in, and from safe perches on top the wall they prepared to watch the performance.

30.1

Los cuatro hombres que la habían transportado se dispersaron al instante y, desde lo alto del muro, se dispusieron a contemplar el espectáculo.

31.1 **Buck rushed at the splintering wood, sinking his teeth into it, surging and wrestling with it.**

Buck se abalanzó sobre la madera astillada, hincándole el diente, arremetiendo y forcejeando con ella.

31.2 **Wherever the hatchet fell on the outside, he was there on the inside, snarling and growling, as furiously anxious to get out as the man in the red sweater was calmly intent on getting him out.**

Dondequiera que cayera el hacha en el exterior, él estaba allí en el interior, gruñendo y gruñendo, tan furiosamente ansioso por salir como el hombre del jersey rojo estaba tranquilamente decidido a sacarlo.

32.1 **"Now, you red-eyed devil," he said,**

"Ahora, demonio de ojos rojos," dijo,

32.2 **when he had made an opening sufficient for the passage of Buck's body.**

cuando hubo hecho una abertura suficiente para el paso del cuerpo de Buck.

32.3 **At the same time he dropped the hatchet and shifted the club to his right hand.**

Al mismo tiempo soltó el hacha y se pasó el garrote a la mano derecha.

33.1 **And Buck was truly a red-eyed devil, as he drew himself together for the spring, hair bristling, mouth foaming, a mad glitter in his blood-shot eyes.**

Y Buck era realmente un demonio de ojos rojos, mientras se preparaba para el salto, con el pelo erizado, la boca espumosa y un brillo de locura en sus ojos inyectados en sangre.

Straight at the man he launched his one hundred and forty pounds of fury,

33.2

Directamente hacia el hombre lanzó sus cuarenta kilos de furia,

surcharged with the pent passion of two days and nights.

33.3

cargados con la pasión contenida de dos días y dos noches.

In mid air, just as his jaws were about to close on the man, he received a shock that checked his body and brought his teeth together with an agonizing clip.

33.4

En el aire, justo cuando sus mandíbulas estaban a punto de cerrarse sobre el hombre, recibió una descarga que puso en jaque su cuerpo y juntó sus dientes con un chasquido agonizante.

He whirled over, fetching the ground on his back and side.

33.5

Giró sobre sí mismo, cayendo al suelo de espaldas y de costado.

He had never been struck by a club in his life,

33.6

Nunca en su vida le habían golpeado con un garrote,

and did not understand.

33.7

y no lo entendía.

With a snarl that was part bark and more scream he was again on his feet and launched into the air.

33.8

Con un gruñido que era en parte ladrido y en parte grito, se puso de nuevo en pie y se lanzó al aire.

And again the shock came and he was brought crushingly to the ground.

33.9

Y de nuevo se produjo el choque y cayó aplastado al suelo.

33.10 This time he was aware that it was the club,
Esta vez era consciente de que se trataba del garrote,

33.11 but his madness knew no caution.
pero su locura no conocía la cautela.

33.12 A dozen times he charged,
Una docena de veces cargó,

33.13 and as often the club broke the charge and smashed him down.
y otras tantas el garrote rompió la carga y lo derribó.

34.1 After a particularly fierce blow, he crawled to his feet, too dazed to rush.
Tras un golpe particularmente feroz, se arrastró hasta ponerse en pie, demasiado aturdido para precipitarse.

34.2 He staggered limply about, the blood flowing from nose and mouth and ears, his beautiful coat sprayed and flecked with bloody slaver.
Se tambaleaba sin fuerzas, con la sangre manando de la nariz, la boca y las orejas, y su hermoso pelaje salpicado y salpicado de sangre de esclavo.

34.3 Then the man advanced and deliberately dealt him a frightful blow on the nose.
Entonces el hombre avanzó y le asestó deliberadamente un espantoso golpe en la nariz.

34.4 All the pain he had endured was as nothing compared with the exquisite agony of this.
Todo el dolor que había soportado no era nada comparado con la exquisita agonía de aquel golpe.

34.5 With a roar that was almost lionlike in its ferocity,
Con un rugido casi leonino en su ferocidad,

he again hurled himself at the man. 34.6

se lanzó de nuevo contra el hombre.

But the man, shifting the club from right to left, 34.7
coolly caught him by the under jaw, at the same time
wrenching downward and backward.

Pero el hombre, cambiando el garrote de derecha a
izquierda, le agarró fríamente por debajo de la mandíbula,
al tiempo que tiraba hacia abajo y hacia atrás.

Buck described a complete circle in the air, and half 34.8
of another, then crashed to the ground on his head
and chest.

Buck describió un círculo completo en el aire, y la mitad de
otro, y luego se estrelló contra el suelo sobre la cabeza y el
pecho.

For the last time he rushed. 35.1

Por última vez se precipitó.

The man struck the shrewd blow he had purposely 35.2
withheld for so long, and Buck crumpled up and went
down, knocked utterly senseless.

El hombre asestó el golpe que había retenido a propósito
durante tanto tiempo, y Buck se desplomó y cayó al suelo,
completamente inconsciente.

"He's no slouch at dog-breakin', that's wot I say," 36.1

"No se queda atrás a la hora de domar perros, eso es lo que
yo digo,"

one of the men on the wall cried enthusiastically. 36.2

gritó con entusiasmo uno de los hombres de la pared.

37.1 "Druther break cayuses any day, and twice on Sundays,"
"Druther rompe cayos cualquier día, y dos veces los domingos,"

37.2 was the reply of the driver,
fue la respuesta del conductor,

37.3 as he climbed on the wagon and started the horses.
mientras subía al carro y ponía en marcha los caballos.

38.1 Buck's senses came back to him, but not his strength.
Buck recuperó los sentidos, pero no las fuerzas.

38.2 He lay where he had fallen,
Se tumbó donde había caído,

38.3 and from there he watched the man in the red sweater.
y desde allí observó al hombre del jersey rojo.

39.1 "'Answers to the name of Buck,'" the man soliloquized,
"'Responde al nombre de Buck,'" soliloquió el hombre,

39.2 quoting from the saloon-keeper's letter which had announced the consignment of the crate and contents.
citando la carta del tabernero que había anunciado el envío de la caja y su contenido.

"Well, Buck, my boy," he went on in a genial voice, "we've had our little ruction, and the best thing we can do is to let it go at that.
39.3
"Bueno, Buck, muchacho - continuó con voz amable-, ya hemos tenido nuestra pequeña bronca y lo mejor que podemos hacer es dejarlo estar.

You've learned your place, and I know mine.
39.4
Tú has aprendido cuál es tu lugar, y yo conozco el mío.

Be a good dog and all 'll go well and the goose hang high.
39.5
Sé un buen perro y todo irá bien y el ganso colgará alto.

Be a bad dog, and I'll whale the stuffin' outa you.
39.6
Sé un perro malo, y te daré una paliza.

Understand?"
39.7
¿Entendido?"

As he spoke he fearlessly patted the head he had so mercilessly pounded, and though Buck's hair involuntarily bristled at touch of the hand, he endured it without protest.
40.1
Mientras hablaba, palmeó sin miedo la cabeza que tan despiadadamente había golpeado, y aunque el pelo de Buck se erizó involuntariamente al contacto con la mano, lo soportó sin protestar.

When the man brought him water he drank eagerly, and later bolted a generous meal of raw meat, chunk by chunk, from the man's hand.
40.2
Cuando el hombre le trajo agua, bebió con avidez, y más tarde se zampó una generosa ración de carne cruda, trozo a trozo, de la mano del hombre.

41.1 He was beaten (he knew that); but he was not broken.
Estaba derrotado (lo sabía), pero no destrozado.

41.2 He saw, once for all, that he stood no chance against a man with a club.
Vio, de una vez por todas, que no tenía ninguna posibilidad contra un hombre con un garrote.

41.3 He had learned the lesson,
Había aprendido la lección,

41.4 and in all his after life he never forgot it.
y en toda su vida posterior nunca la olvidó.

41.5 That club was a revelation.
Aquel garrote fue una revelación.

41.6 It was his introduction to the reign of primitive law,
Fue su introducción al reino de la ley primitiva,

41.7 and he met the introduction halfway.
y se encontró con la introducción a mitad de camino.

41.8 The facts of life took on a fiercer aspect;
Los hechos de la vida adquirieron un aspecto más feroz;

41.9 and while he faced that aspect uncowed,
y aunque se enfrentó a ese aspecto sin acobardarse,

41.10 he faced it with all the latent cunning of his nature aroused.
lo hizo con toda la astucia latente de su naturaleza despierta.

As the days went by, other dogs came, in crates and at the ends of ropes, some docilely, and some raging and roaring as he had come; 41.11

Con el paso de los días, llegaron otros perros, en jaulas y atados con cuerdas, algunos dócilmente y otros furiosos y rugientes como él había llegado;

and, one and all, he watched them pass under the dominion of the man in the red sweater. 41.12

y, a todos y cada uno, los vio pasar bajo el dominio del hombre del jersey rojo.

Again and again, as he looked at each brutal performance, the lesson was driven home to Buck: 41.13

Una y otra vez, mientras contemplaba cada brutal actuación, Buck aprendía la lección:

a man with a club was a lawgiver, a master to be obeyed, though not necessarily conciliated. 41.14

un hombre con un garrote era un legislador, un amo al que había que obedecer, aunque no necesariamente conciliar.

Of this last Buck was never guilty, though he did see beaten dogs that fawned upon the man, and wagged their tails, and licked his hand. 41.15

Buck nunca fue culpable de esto último, aunque vio perros golpeados que adulaban al hombre, movían la cola y le lamían la mano.

Also he saw one dog, that would neither conciliate nor obey, finally killed in the struggle for mastery. 41.16

También vio a un perro, que ni conciliaba ni obedecía, finalmente muerto en la lucha por el dominio.

42.1 Now and again men came, strangers, who talked excitedly, wheedlingly, and in all kinds of fashions to the man in the red sweater.

De vez en cuando llegaban hombres, extraños, que hablaban con excitación, coqueteando y de todas las maneras posibles con el hombre del jersey rojo.

42.2 And at such times that money passed between them the strangers took one or more of the dogs away with them.

Y en las ocasiones en que pasaban dinero entre ellos, los desconocidos se llevaban a uno o más de los perros.

42.3 Buck wondered where they went, for they never came back;

Buck se preguntaba adónde iban, pues nunca volvían;

42.4 but the fear of the future was strong upon him,

pero el miedo al futuro era fuerte en él,

42.5 and he was glad each time when he was not selected.

y se alegraba cada vez que no lo elegían.

43.1 Yet his time came, in the end, in the form of a little weazened man who spat broken English and many strange and uncouth exclamations which Buck could not understand.

Sin embargo, su hora llegó, al final, en forma de un hombrecillo cansado que escupía un inglés entrecortado y muchas exclamaciones extrañas y groseras que Buck no podía entender.

44.1 "Sacredam!" he cried, when his eyes lit upon Buck.

"¡Sacredam!" gritó, cuando sus ojos se fijaron en Buck.

"Dat one dam bully dog! Eh? How moch?"   44.2
"¡Ese maldito perro bravucón! ¿Eh? ¿Cómo moch?"

"Three hundred, and a present at that,"   45.1
"Trescientos, y de regalo,"

was the prompt reply of the man in the red sweater.   45.2
fue la pronta respuesta del hombre del jersey rojo.

"And seem' it's government money, you ain't got no   45.3
kick coming, eh, Perrault?"
"Y parece que es dinero del gobierno, no tienes ninguna
patada, ¿eh, Perrault?"

Perrault grinned.   46.1
Perrault sonrió.

Considering that the price of dogs had been boomed   46.2
skyward by the unwonted demand,
Teniendo en cuenta que el precio de los perros se había
disparado por la inusitada demanda,

it was not an unfair sum for so fine an animal.   46.3
no era una suma injusta por un animal tan fino.

The Canadian Government would be no loser,   46.4
El Gobierno canadiense no saldría perdiendo,

nor would its despatches travel the slower.   46.5
ni sus envíos viajarían más despacio.

46.6 Perrault knew dogs, and when he looked at Buck he knew that he was one in a thousand — "One in ten t'ousand," he commented mentally.

Perrault conocía a los perros, y cuando miró a Buck supo que era uno entre mil: "Uno entre diez mil," comentó mentalmente.

47.1 Buck saw money pass between them, and was not surprised when Curly, a good-natured Newfoundland, and he were led away by the little weazened man.

Buck vio pasar dinero entre ellos, y no se sorprendió cuando Curly, un terranova bonachón, y él fueron conducidos lejos por el hombrecillo cansado.

47.2 That was the last he saw of the man in the red sweater, and as Curly and he looked at receding Seattle from the deck of the Narwhal, it was the last he saw of the warm Southland.

Aquello fue lo último que vio del hombre del jersey rojo, y mientras Curly y él contemplaban el Seattle que se alejaba desde la cubierta del Narval, fue lo último que vio de la cálida Tierra del Sur.

47.3 Curly and he were taken below by Perrault and turned over to a black-faced giant called François.

Curly y él fueron llevados abajo por Perrault y entregados a un gigante de cara negra llamado François.

47.4 Perrault was a French-Canadian, and swarthy; but François was a French-Canadian half-breed, and twice as swarthy.

Perrault era francocanadiense y moreno, pero François era mestizo francocanadiense y el doble de moreno.

They were a new kind of men to Buck (of which   47.5
he was destined to see many more), and while he
developed no affection for them, he none the less
grew honestly to respect them.
Para Buck eran una nueva clase de hombres (de los
que estaba destinado a ver muchos más), y aunque no
desarrolló ningún afecto por ellos, sin embargo llegó a
respetarlos sinceramente.

He speedily learned that Perrault and François were   47.6
fair men, calm and impartial in administering justice,
and too wise in the way of dogs to be fooled by dogs.
Pronto aprendió que Perrault y François eran hombres
justos, serenos e imparciales a la hora de administrar
justicia, y demasiado sabios en el trato con los perros como
para dejarse engañar por ellos.

In the 'tween-decks of the Narwhal,   48.1
En las cubiertas intermedias del Narval,

Buck and Curly joined two other dogs.   48.2
Buck y Curly se reunieron con otros dos perros.

One of them was a big, snow-white fellow from   48.3
Spitzbergen who had been brought away by a
whaling captain, and who had later accompanied
a Geological Survey into the Barrens.
Uno de ellos era un tipo grande y blanco como la nieve,
procedente de Spitzbergen, que había sido traído por un
capitán ballenero y que más tarde había acompañado a un
estudio geológico a los Barrens.

48.4 He was friendly, in a treacherous sort of way,
smiling into one's face the while he meditated some
underhand trick, as, for instance, when he stole from
Buck's food at the first meal.

Era amistoso, de una manera traicionera, sonriendo en
la cara de uno mientras meditaba algún truco turbio,
como, por ejemplo, cuando robó de la comida de Buck
en la primera comida.

48.5 As Buck sprang to punish him, the lash of François's
whip sang through the air, reaching the culprit first;
and nothing remained to Buck but to recover the
bone.

Cuando Buck se apresuró a castigarlo, el látigo de François
surcó el aire, alcanzando primero al culpable, y a Buck no le
quedó más remedio que recuperar el hueso.

48.6 That was fair of François, he decided, and the half-
breed began his rise in Buck's estimation.

Fue justo por parte de François, decidió, y el mestizo
empezó a subir en la estima de Buck.

49.1 The other dog made no advances, nor received any;

El otro perro no hizo ninguna insinuación, ni recibió
ninguna;

49.2 also, he did not attempt to steal from the newcomers.

tampoco intentó robar a los recién llegados.

49.3 He was a gloomy, morose fellow, and he showed
Curly plainly that all he desired was to be left alone,
and further, that there would be trouble if he were
not left alone.

Era un tipo sombrío y malhumorado, y le demostró
claramente a Curly que lo único que deseaba era que lo
dejaran en paz y, además, que habría problemas si no lo
dejaban en paz.

"Dave" 49.4

"Dave,"

he was called, and he ate and slept, or yawned 49.5
between times, and took interest in nothing, not
even when the Narwhal crossed Queen Charlotte
Sound and rolled and pitched and bucked like a thing
possessed.

lo llamaban, y comía y dormía, o bostezaba a ratos, y
no se interesaba por nada, ni siquiera cuando el Narval
cruzaba el estrecho de la Reina Carlota y rodaba, cabeceaba
y corcoveaba como un poseso.

When Buck and Curly grew excited, half wild with 49.6
fear, he raised his head as though annoyed, favored
them with an incurious glance, yawned, and went to
sleep again.

Cuando Buck y Curly se excitaban, medio enloquecidos
por el miedo, levantaba la cabeza como si le molestara,
les dirigía una mirada indiferente, bostezaba y volvía a
dormirse.

Day and night the ship throbbed to the tireless pulse 50.1
of the propeller, and though one day was very like
another, it was apparent to Buck that the weather
was steadily growing colder.

Día y noche el barco palpitaba al incansable pulso de la
hélice, y aunque un día era muy parecido a otro, a Buck le
parecía evidente que el tiempo era cada vez más frío.

At last, one morning, the propeller was quiet, and 50.2
the Narwhal was pervaded with an atmosphere of
excitement.

Por fin, una mañana, la hélice se aquietó y el Narval se
sintió invadido por una atmósfera de excitación.

50.3 **He felt it, as did the other dogs, and knew that a change was at hand.**
Lo sintió, al igual que los demás perros, y supo que se avecinaba un cambio.

50.4 **François leashed them and brought them on deck.**
François los ató y los llevó a cubierta.

50.5 **At the first step upon the cold surface,**
Al primer paso sobre la fría superficie,

50.6 **Buck's feet sank into a white mushy something very like mud.**
los pies de Buck se hundieron en una masa blanca muy parecida al barro.

50.7 **He sprang back with a snort.**
Retrocedió con un resoplido.

50.8 **More of this white stuff was falling through the air.**
Más de esta cosa blanca caía por el aire.

50.9 **He shook himself, but more of it fell upon him.**
Se sacudió, pero más cayó sobre él.

50.10 **He sniffed it curiously, then licked some up on his tongue.**
Lo olfateó con curiosidad y luego lo lamió con la lengua.

50.11 **It bit like fire, and the next instant was gone.**
Mordió como el fuego y al instante desapareció.

50.12 **This puzzled him. He tried it again,**
Esto le desconcertó. Volvió a intentarlo,

50.13 **with the same result.**
con el mismo resultado.

The onlookers laughed uproariously, and he felt   50.14
ashamed, he knew not why, for it was his first snow.

Los espectadores rieron a carcajadas, y él se sintió
avergonzado, no sabía por qué, pues era su primera nevada.

Chapter II. The Law of Club and Fang

Capítulo II. La Ley del Garrote y el Colmillo

1.1 Buck's first day on the Dyea beach was like a nightmare.

El primer día de Buck en la playa de Dyea fue como una pesadilla.

1.2 Every hour was filled with shock and surprise.

Cada hora estaba llena de conmoción y sorpresa.

1.3 He had been suddenly jerked from the heart of civilization and flung into the heart of things primordial.

De repente le habían sacado del corazón de la civilización y le habían arrojado al corazón de las cosas primigenias.

1.4 No lazy, sun-kissed life was this, with nothing to do but loaf and be bored.

No se trataba de una vida perezosa y bañada por el sol, sin otra cosa que hacer que holgazanear y aburrirse.

Here was neither peace, nor rest, nor a moment's safety.

1.5

Aquí no había paz, ni descanso, ni un momento de seguridad.

All was confusion and action,

1.6

Todo era confusión y acción,

and every moment life and limb were in peril.

1.7

y en todo momento peligraban la vida y la integridad física.

There was imperative need to be constantly alert; for these dogs and men were not town dogs and men.

1.8

Era imperativo estar siempre alerta, pues aquellos perros y hombres no eran perros y hombres de pueblo.

They were savages, all of them, who knew no law but the law of club and fang.

1.9

Eran salvajes, todos ellos, que no conocían otra ley que la del garrote y el colmillo.

He had never seen dogs fight as these wolfish creatures fought,

2.1

Nunca había visto pelear a los perros como peleaban estas criaturas lobunas,

and his first experience taught him an unforgetable lesson.

2.2

y su primera experiencia le enseñó una lección inolvidable.

It is true, it was a vicarious experience, else he would not have lived to profit by it.

2.3

Es cierto que fue una experiencia indirecta, de lo contrario no habría vivido para aprovecharla.

Curly was the victim.

2.4

Curly fue la víctima.

2.5 They were camped near the log store, where she, in her friendly way, made advances to a husky dog the size of a full-grown wolf, though not half so large as she.

Estaban acampados cerca del almacén de troncos, donde ella, a su manera amistosa, se le insinuó a un perro husky del tamaño de un lobo adulto, aunque ni la mitad de grande que ella.

2.6 There was no warning, only a leap in like a flash, a metallic clip of teeth, a leap out equally swift, and Curly's face was ripped open from eye to jaw.

No hubo advertencia, sólo un salto como un relámpago, un chasquido metálico de dientes, un salto igual de rápido, y la cara de Curly fue desgarrada desde el ojo hasta la mandíbula.

3.1 It was the wolf manner of fighting, to strike and leap away;

Era la manera de luchar de los lobos, golpear y saltar;

3.2 but there was more to it than this.

pero había algo más.

3.3 Thirty or forty huskies ran to the spot and surrounded the combatants in an intent and silent circle.

Treinta o cuarenta huskies corrieron al lugar y rodearon a los combatientes en un círculo atento y silencioso.

3.4 Buck did not comprehend that silent intentness,

Buck no comprendió aquella intención silenciosa,

3.5 nor the eager way with which they were licking their chops.

ni el ansia con que se relamían.

Curly rushed her antagonist, 3.6
Curly se abalanzó sobre su antagonista,

who struck again and leaped aside. 3.7
que golpeó de nuevo y saltó a un lado.

He met her next rush with his chest, 3.8
La siguiente embestida la recibió con el pecho,

in a peculiar fashion that tumbled her off her feet. 3.9
de una forma peculiar que la hizo perder el equilibrio.

She never regained them, 3.10
Ella nunca los recuperó,

This was what the onlooking huskies had waited for. 3.11
Esto era lo que los huskies habían esperado.

They closed in upon her, snarling and yelping, and 3.12
she was buried, screaming with agony, beneath the
bristling mass of bodies.
Se cerraron sobre ella, gruñendo y aullando, y quedó
sepultada, gritando de agonía, bajo la masa erizada de
cuerpos.

So sudden was it, and so unexpected, that Buck was 4.1
taken aback.
Fue tan repentino y tan inesperado que Buck se quedó
estupefacto.

He saw Spitz run out his scarlet tongue in a way he 4.2
had of laughing;
Vio a Spitz sacar su lengua escarlata en una forma que tenía
de reírse;

4.3 **and he saw François, swinging an axe, spring into the mess of dogs.**

y vio a François, blandiendo un hacha, saltar sobre el lío de perros.

4.4 **Three men with clubs were helping him to scatter them.**

Tres hombres con garrotes le ayudaban a dispersarlos.

4.5 **It did not take long.**

No tardó mucho.

4.6 **Two minutes from the time Curly went down,**

Dos minutos después de que Ricitos cayera,

4.7 **the last of her assailants were clubbed off.**

el último de sus agresores había sido abatido.

4.8 **But she lay there limp and lifeless in the bloody, trampled snow, almost literally torn to pieces, the swart half-breed standing over her and cursing horribly.**

Pero ella yacía inerte y sin vida en la nieve ensangrentada y pisoteada, casi literalmente despedazada, con el mestizo de pie junto a ella y maldiciendo horriblemente.

4.9 **The scene often came back to Buck to trouble him in his sleep.**

La escena le venía a Buck a menudo a la memoria para atormentarle en sueños.

4.10 **So that was the way. No fair play. Once down,**

Así que ése era el camino. Sin juego limpio. Una vez que caías,

4.11 **that was the end of you. Well,**

era tu fin. Bueno,

he would see to it that he never went down.   4.12

él se encargaría de que nunca cayera.

Spitz ran out his tongue and laughed again,   4.13

Spitz sacó la lengua y se rió de nuevo,

and from that moment Buck hated him with a bitter   4.14
and deathless hatred.

y desde ese momento Buck lo odió con un odio amargo e
inmortal.

Before he had recovered from the shock caused by   5.1
the tragic passing of Curly,

Antes de recuperarse de la conmoción causada por la
trágica muerte de Curly,

he received another shock.   5.2

recibió otra conmoción.

François fastened upon him an arrangement of straps   5.3
and buckles.

François le colocó un conjunto de correas y hebillas.

It was a harness, such as he had seen the grooms put   5.4
on the horses at home.

Era un arnés como el que había visto que los mozos de
cuadra ponían a los caballos en casa.

And as he had seen horses work, so he was set to   5.5
work, hauling François on a sled to the forest that
fringed the valley, and returning with a load of
firewood.

Y como había visto trabajar a los caballos, se puso a
trabajar, arrastrando a Francisco en un trineo hasta el
bosque que bordeaba el valle y regresando con una carga de
leña.

5.6 **Though his dignity was sorely hurt by thus being made a draught animal,**
Aunque su dignidad se resintió mucho al ser convertido en animal de tiro,

5.7 **he was too wise to rebel.**
era demasiado sabio para rebelarse.

5.8 **He buckled down with a will and did his best,**
Se esforzó al máximo,

5.9 **though it was all new and strange.**
aunque todo le resultaba nuevo y extraño.

5.10 **François was stern, demanding instant obedience, and by virtue of his whip receiving instant obedience;**
François era severo, exigía obediencia instantánea, y en virtud de su látigo recibía obediencia instantánea;

5.11 **while Dave, who was an experienced wheeler, nipped Buck's hind quarters whenever he was in error.**
mientras que Dave, que era un experimentado Wheeler, mordía los cuartos traseros de Buck cada vez que se equivocaba.

5.12 **Spitz was the leader, likewise experienced, and while he could not always get at Buck, he growled sharp reproof now and again, or cunningly threw his weight in the traces to jerk Buck into the way he should go.**
Spitz era el líder, también con experiencia, y aunque no siempre podía llegar a Buck, gruñía una reprimenda aguda de vez en cuando, o astutamente arrojaba su peso en los rastros para empujar a Buck hacia el camino que debía seguir.

5.13 **Buck learned easily,**
Buck aprendió fácilmente,

and under the combined tuition of his two mates and François made remarkable progress.

5.14

y bajo la instrucción combinada de sus dos compañeros y François hizo notables progresos.

Ere they returned to camp he knew enough to stop at

5.15

Antes de que regresaran al campamento, sabía lo suficiente como para detenerse en

"ho," to go ahead at "mush,"

5.16

"ho," adelantarse en "mush,"

to swing wide on the bends, and to keep clear of the wheeler when the loaded sled shot downhill at their heels.

5.17

girar a lo ancho en las curvas y mantenerse alejado del Wheeler cuando el trineo cargado se lanzaba cuesta abajo pisándoles los talones.

"T'ree vair' good dogs," François told Perrault.

6.1

"Son muy buenos perros," le dijo François a Perrault.

"Dat Buck, heem pool lak hell.

6.2

"Dat Buck, heem pool lak hell.

I tich heem queek as anyt'ing."

6.3

Creo que son tan buenos como cualquiera."

By afternoon, Perrault, who was in a hurry to be on the trail with his despatches, returned with two more dogs.

7.1

Por la tarde, Perrault, que tenía prisa por seguir el camino con sus despachos, regresó con dos perros más.

"Billee" and "Joe"

7.2

"Billee" y "Joe,"

7.3 he called them, two brothers, and true huskies both.

los llamaba, dos hermanos, ambos verdaderos huskies.

7.4 Sons of the one mother though they were,

Aunque eran hijos de la misma madre,

7.5 they were as different as day and night.

eran tan diferentes como el día y la noche.

7.6 Billee's one fault was his excessive good nature, while Joe was the very opposite, sour and introspective, with a perpetual snarl and a malignant eye.

El único defecto de Billee era su excesivo buen carácter, mientras que Joe era todo lo contrario, agrio e introspectivo, con un gruñido perpetuo y una mirada maligna.

7.7 Buck received them in comradely fashion, Dave ignored them, while Spitz proceeded to thrash first one and then the other.

Buck los recibía con camaradería, Dave los ignoraba, mientras Spitz procedía a golpear primero a uno y luego al otro.

7.8 Billee wagged his tail appeasingly, turned to run when he saw that appeasement was of no avail, and cried (still appeasingly) when Spitz's sharp teeth scored his flank.

Billee movió la cola apaciguadoramente, se dio la vuelta para correr cuando vio que el apaciguamiento no servía de nada, y lloró (aún apaciguadoramente) cuando los afilados dientes de Spitz le hirieron en el flanco.

But no matter how Spitz circled, Joe whirled around on his heels to face him, mane bristling, ears laid back, lips writhing and snarling, jaws clipping together as fast as he could snap, and eyes diabolically gleaming — the incarnation of belligerent fear. 7.9

Pero no importaba cómo lo rodeara Spitz, Joe giraba sobre sus talones para enfrentarse a él, con las crines erizadas, las orejas echadas hacia atrás, los labios retorciéndose y gruñendo, las mandíbulas apretándose tan rápido como podía y los ojos diabólicamente brillantes: la encarnación del miedo beligerante.

So terrible was his appearance that Spitz was forced to forego disciplining him; 7.10

Tan terrible era su aspecto que Spitz se vio obligado a renunciar a disciplinarlo;

but to cover his own discomfiture he turned upon the inoffensive and wailing Billee and drove him to the confines of the camp. 7.11

pero para disimular su propia incomodidad se volvió contra el inofensivo y llorón Billee y lo condujo a los confines del campamento.

By evening Perrault secured another dog, an old husky, long and lean and gaunt, with a battle-scarred face and a single eye which flashed a warning of prowess that commanded respect. 8.1

Al anochecer, Perrault consiguió otro perro, un viejo husky, largo, delgado y enjuto, con la cara marcada por las cicatrices de la batalla y un solo ojo que destellaba una advertencia de proeza que infundía respeto.

He was called Sol-leks, which means the Angry One. 8.2

Se llamaba Sol-leks, que significa el Furioso.

8.3 **Like Dave, he asked nothing, gave nothing, expected nothing;**

Como Dave, no pedía nada, no daba nada, no esperaba nada;

8.4 **and when he marched slowly and deliberately into their midst,**

y cuando marchaba lenta y deliberadamente en medio de ellos,

8.5 **even Spitz left him alone.**

incluso Spitz le dejaba en paz.

8.6 **He had one peculiarity which Buck was unlucky enough to discover.**

Tenía una peculiaridad que Buck tuvo la mala suerte de descubrir.

8.7 **He did not like to be approached on his blind side.**

No le gustaba que se le acercaran por su lado ciego.

8.8 **Of this offence Buck was unwittingly guilty,**

De esta ofensa Buck era involuntariamente culpable,

8.9 **and the first knowledge he had of his indiscretion was when Sol-leks whirled upon him and slashed his shoulder to the bone for three inches up and down.**

y el primer conocimiento que tuvo de su indiscreción fue cuando Sol-leks se abalanzó sobre él y le cortó el hombro hasta el hueso a lo largo de tres pulgadas de arriba abajo.

8.10 **Forever after Buck avoided his blind side,**

Desde entonces Buck evitó su lado ciego,

8.11 **and to the last of their comradeship had no more trouble.**

y hasta el final de su camaradería no tuvo más problemas.

His only apparent ambition, like Dave's, was to be left alone; 8.12

Su única ambición aparente, como la de Dave, era que lo dejaran en paz;

though, as Buck was afterward to learn, each of them possessed one other and even more vital ambition. 8.13

aunque, como Buck aprendería más tarde, cada uno de ellos poseía otra ambición aún más vital.

That night Buck faced the great problem of sleeping. 9.1

Aquella noche Buck se enfrentó al gran problema de dormir.

The tent, illumined by a candle, glowed warmly in the midst of the white plain; 9.2

La tienda, iluminada por una vela, resplandecía cálidamente en medio de la blanca llanura;

and when he, as a matter of course, entered it, both Perrault and François bombarded him with curses and cooking utensils, till he recovered from his consternation and fled ignominiously into the outer cold. 9.3

y cuando, como de costumbre, entró en ella, tanto Perrault como François le bombardearon con maldiciones y utensilios de cocina, hasta que se recobró de su consternación y huyó ignominiosamente hacia el frío exterior.

A chill wind was blowing that nipped him sharply and bit with especial venom into his wounded shoulder. 9.4

Soplaba un viento helado que le pellizcó con fuerza y mordió con especial veneno su hombro herido.

9.5 He lay down on the snow and attempted to sleep,
Se tumbó en la nieve e intentó dormir,

9.6 but the frost soon drove him shivering to his feet.
pero la escarcha pronto le hizo ponerse en pie temblando.

9.7 Miserable and disconsolate, he wandered about among the many tents, only to find that one place was as cold as another.
Miserable y desconsolado, vagó entre las numerosas tiendas, sólo para descubrir que un lugar era tan frío como otro.

9.8 Here and there savage dogs rushed upon him, but he bristled his neck-hair and snarled (for he was learning fast), and they let him go his way unmolested.
Aquí y allá, unos perros salvajes se abalanzaron sobre él, pero él erizó el pelo de su cuello y gruñó (pues estaba aprendiendo rápido), y le dejaron seguir su camino sin molestarle.

10.1 Finally an idea came to him.
Por fin se le ocurrió una idea.

10.2 He would return and see how his own team-mates were making out.
Volvería para ver cómo les iba a sus compañeros.

10.3 To his astonishment, they had disappeared.
Para su asombro, habían desaparecido.

10.4 Again he wandered about through the great camp, looking for them, and again he returned.
Volvió a vagar por el gran campamento, buscándolos, y de nuevo regresó.

Were they in the tent? 10.5
¿Estaban en la tienda?

No, that could not be, else he would not have been driven out. 10.6
No, no podía ser, de lo contrario no le habrían echado.

Then where could they possibly be? 10.7
Entonces, ¿dónde podrían estar?

With drooping tail and shivering body, very forlorn indeed, he aimlessly circled the tent. 10.8
Con la cola caída y el cuerpo tembloroso, sin rumbo fijo, rodeó la tienda.

Suddenly the snow gave way beneath his fore legs and he sank down. 10.9
De repente, la nieve cedió bajo sus patas delanteras y se hundió.

Something wriggled under his feet. 10.10
Algo se retorció bajo sus pies.

He sprang back, bristling and snarling, fearful of the unseen and unknown. 10.11
Retrocedió de un salto, erizado y gruñendo, temeroso de lo invisible y desconocido.

But a friendly little yelp reassured him, and he went back to investigate. 10.12
Pero un aullido amistoso le tranquilizó y volvió a investigar.

A whiff of warm air ascended to his nostrils, and there, curled up under the snow in a snug ball, lay Billee. 10.13
Una bocanada de aire cálido ascendió hasta sus fosas nasales, y allí, acurrucado bajo la nieve en un ovillo acurrucado, yacía Billee.

10.14 He whined placatingly, squirmed and wriggled to show his good will and intentions, and even ventured, as a bribe for peace, to lick Buck's face with his warm wet tongue.

Gimoteaba apaciguadoramente, se retorcía para mostrar su buena voluntad y sus intenciones, e incluso se aventuró, como soborno por la paz, a lamer la cara de Buck con su lengua húmeda y caliente.

11.1 Another lesson. So that was the way they did it, eh?

Otra lección. Así que así era como lo hacían, ¿eh?

11.2 Buck confidently selected a spot,

Buck eligió con confianza un lugar,

11.3 and with much fuss and waste effort proceeded to dig a hole for himself.

y con mucho alboroto y derroche de esfuerzo procedió a cavarse un agujero.

11.4 In a trice the heat from his body filled the confined space and he was asleep.

En un santiamén el calor de su cuerpo llenó el reducido espacio y se quedó dormido.

11.5 The day had been long and arduous, and he slept soundly and comfortably, though he growled and barked and wrestled with bad dreams.

El día había sido largo y arduo, y durmió profunda y cómodamente, aunque gruñó y ladró y luchó con pesadillas.

12.1 Nor did he open his eyes till roused by the noises of the waking camp.

No abrió los ojos hasta que lo despertaron los ruidos del campamento.

At first he did not know where he was.

12.2

Al principio no sabía dónde estaba.

It had snowed during the night and he was completely buried.

12.3

Había nevado durante la noche y estaba completamente enterrado.

The snow walls pressed him on every side, and a great surge of fear swept through him — the fear of the wild thing for the trap.

12.4

Las paredes de nieve lo apretaban por todos lados y una gran oleada de miedo lo invadió: el miedo de los animales salvajes a la trampa.

It was a token that he was harking back through his own life to the lives of his forebears;

12.5

Era una señal de que se estaba remontando a través de su propia vida a las vidas de sus antepasados;

for he was a civilized dog, an unduly civilized dog, and of his own experience knew no trap and so could not of himself fear it.

12.6

porque él era un perro civilizado, un perro excesivamente civilizado, y por su propia experiencia no conocía ninguna trampa y por lo tanto no podía temerla por sí mismo.

The muscles of his whole body contracted spasmodically and instinctively, the hair on his neck and shoulders stood on end, and with a ferocious snarl he bounded straight up into the blinding day, the snow flying about him in a flashing cloud.

12.7

Los músculos de todo su cuerpo se contrajeron espasmódica e instintivamente, se le erizaron los pelos del cuello y de los hombros, y con un gruñido feroz saltó hacia el día cegador, con la nieve volando a su alrededor en una nube centelleante.

12.8 Ere he landed on his feet, he saw the white camp spread out before him and knew where he was and remembered all that had passed from the time he went for a stroll with Manuel to the hole he had dug for himself the night before.

Antes de caer de pie, vio el campamento blanco que se extendía ante él, supo dónde estaba y recordó todo lo que había pasado desde que fue a dar un paseo con Manuel hasta el agujero que había cavado para sí la noche anterior.

13.1 A shout from François hailed his appearance. "Wot I say?"

Un grito de François saludó su aparición. "¿Qué digo?"

13.2 the dog-driver cried to Perrault.

gritó el perrero a Perrault.

13.3 "Dat Buck for sure learn queek as anyt'ing."

"Dat Buck seguro que aprende queek como anyt'ing."

14.1 Perrault nodded gravely.

Perrault asintió con gravedad.

14.2 As courier for the Canadian Government, bearing important despatches, he was anxious to secure the best dogs, and he was particularly gladdened by the possession of Buck.

Como correo del Gobierno canadiense, portador de importantes despachos, estaba ansioso por conseguir los mejores perros, y le alegraba especialmente la posesión de Buck.

Three more huskies were added to the team inside an hour, making a total of nine, and before another quarter of an hour had passed they were in harness and swinging up the trail toward the Dyea Cañon.

15.1

En menos de una hora se agregaron tres huskies más al equipo, haciendo un total de nueve, y antes de que pasara otro cuarto de hora ya estaban enjaezados y subiendo por el sendero hacia el Cañón Dyea.

Buck was glad to be gone, and though the work was hard he found he did not particularly despise it.

15.2

Buck estaba contento de haberse ido, y aunque el trabajo era duro, descubrió que no lo despreciaba especialmente.

He was surprised at the eagerness which animated the whole team and which was communicated to him;

15.3

Le sorprendió el entusiasmo que animaba a todo el equipo y que se le transmitió a él;

but still more surprising was the change wrought in Dave and Sol-leks.

15.4

pero aún más sorprendente fue el cambio que se produjo en Dave y Sol-leks.

They were new dogs, utterly transformed by the harness.

15.5

Eran perros nuevos, totalmente transformados por el arnés.

All passiveness and unconcern had dropped from them.

15.6

Habían perdido toda pasividad y despreocupación.

15.7 They were alert and active, anxious that the work should go well, and fiercely irritable with whatever, by delay or confusion, retarded that work.

Estaban alerta y activos, ansiosos de que el trabajo saliera bien, y ferozmente irritables con cualquier cosa que, por retraso o confusión, retrasara ese trabajo.

15.8 The toil of the traces seemed the supreme expression of their being,

El trabajo de los rastros parecía la expresión suprema de su ser,

15.9 and all that they lived for and the only thing in which they took delight.

todo aquello por lo que vivían y lo único en lo que se deleitaban.

16.1 Dave was wheeler or sled dog, pulling in front of him was Buck, then came Sol-leks;

Dave era el Wheeler o perro de trineo, tirando delante de él estaba Buck, luego venía Sol-leks;

16.2 the rest of the team was strung out ahead, single file, to the leader, which position was filled by Spitz.

el resto del equipo iba delante, en fila india, hasta el líder, posición que ocupaba Spitz.

17.1 Buck had been purposely placed between Dave and Sol-leks so that he might receive instruction.

Buck había sido colocado a propósito entre Dave y Sol-leks para que pudiera recibir instrucción.

Apt scholar that he was, they were equally apt teachers, never allowing him to linger long in error, and enforcing their teaching with their sharp teeth. 17.2

Por muy buen alumno que fuera, los dos eran igualmente buenos maestros, que nunca le permitían permanecer mucho tiempo en el error y le imponían sus enseñanzas con sus afilados dientes.

Dave was fair and very wise. 17.3

Dave era justo y muy sabio.

He never nipped Buck without cause, 17.4

Nunca le daba un pellizco a Buck sin motivo,

and he never failed to nip him when he stood in need of it. 17.5

y nunca dejaba de dárselo cuando lo necesitaba.

As François's whip backed him up, 17.6

Como el látigo de François lo respaldaba,

Buck found it to be cheaper to mend his ways than to retaliate. 17.7

Buck descubrió que era más barato enmendarse que tomar represalias.

Once, during a brief halt, when he got tangled in the traces and delayed the start, both Dave and Sol-leks flew at him and administered a sound trouncing. 17.8

Una vez, durante una breve parada, cuando se enredó en los rastros y retrasó la salida, tanto Dave como Sol-leks se abalanzaron sobre él y le propinaron una sonora paliza.

The resulting tangle was even worse, 17.9

El enredo resultante fue aún peor,

17.10 but Buck took good care to keep the traces clear thereafter;

pero Buck tuvo buen cuidado de mantener los rastros despejados a partir de entonces;

17.11 and ere the day was done, so well had he mastered his work, his mates about ceased nagging him.

y antes de que terminara el día, tan bien había dominado su trabajo, que sus compañeros casi dejaron de regañarle.

17.12 François's whip snapped less frequently,

El látigo de François chasqueaba con menos frecuencia,

17.13 and Perrault even honored Buck by lifting up his feet and carefully examining them.

y Perrault incluso honró a Buck levantándole los pies y examinándoselos cuidadosamente.

18.1 It was a hard day's run, up the Cañon, through Sheep Camp, past the Scales and the timber line, across glaciers and snowdrifts hundreds of feet deep, and over the great Chilcoot Divide, which stands between the salt water and the fresh and guards forbiddingly the sad and lonely North.

Fue un día duro de carrera, por el Cañón, a través del Campo de las Ovejas, más allá de las Escalas y la línea de la madera, a través de glaciares y ventisqueros de cientos de metros de profundidad, y por encima de la gran divisoria de Chilcoot, que se interpone entre el agua salada y el agua dulce y vigila amenazadoramente el triste y solitario Norte.

They made good time down the chain of lakes which fills the craters of extinct volcanoes, and late that night pulled into the huge camp at the head of Lake Bennett, where thousands of goldseekers were building boats against the break-up of the ice in the spring. 18.2

Descendieron a buen ritmo por la cadena de lagos que rellenan los cráteres de volcanes extinguidos, y a última hora de la noche llegaron al enorme campamento situado en la cabecera del lago Bennett, donde miles de buscadores de oro construían barcas contra la ruptura del hielo en primavera.

Buck made his hole in the snow and slept the sleep of the exhausted just, 18.3

Buck se hizo un hueco en la nieve y durmió el sueño de los justos exhaustos,

but all too early was routed out in the cold darkness and harnessed with his mates to the sled. 18.4

pero demasiado pronto fue expulsado en la fría oscuridad y enganchado con sus compañeros al trineo.

That day they made forty miles, 19.1

Aquel día recorrieron sesenta kilómetros,

the trail being packed; 19.2

con el camino preparado;

but the next day, and for many days to follow, they broke their own trail, worked harder, and made poorer time. 19.3

pero al día siguiente, y durante muchos días más, abrieron su propio camino, trabajaron más y ganaron menos tiempo.

19.4 **As a rule, Perrault travelled ahead of the team, packing the snow with webbed shoes to make it easier for them.**

Por regla general, Perrault viajaba delante del equipo, empacando la nieve con zapatos de palma para facilitarles el trabajo.

19.5 **François, guiding the sled at the gee-pole, sometimes exchanged places with him, but not often.**

François, que guiaba el trineo en la pértiga, a veces se intercambiaba con él, pero no a menudo.

19.6 **Perrault was in a hurry, and he prided himself on his knowledge of ice, which knowledge was indispensable, for the fall ice was very thin, and where there was swift water, there was no ice at all.**

Perrault tenía prisa y se enorgullecía de sus conocimientos sobre el hielo, que le resultaban indispensables, pues el hielo otoñal era muy fino y donde había aguas rápidas no había hielo.

20.1 **Day after day, for days unending, Buck toiled in the traces.**

Día tras día, durante jornadas interminables, Buck se afanó en las huellas.

20.2 **Always, they broke camp in the dark, and the first gray of dawn found them hitting the trail with fresh miles reeled off behind them.**

Siempre acampaban en la oscuridad, y los primeros grises del amanecer los encontraban en el sendero con nuevos kilómetros recorridos a sus espaldas.

20.3 **And always they pitched camp after dark, eating their bit of fish, and crawling to sleep into the snow.**

Y siempre acampaban al anochecer, comían su trozo de pescado y se arrastraban hasta la nieve para dormir.

Buck was ravenous.   20.4
Buck estaba hambriento.

The pound and a half of sun-dried salmon, which was   20.5
his ration for each day, seemed to go nowhere.
La libra y media de salmón secado al sol, que era su ración
para cada día, parecía no llegar a ninguna parte.

He never had enough, and suffered from perpetual   20.6
hunger pangs.
Nunca tenía suficiente y sufría de hambre perpetua.

Yet the other dogs, because they weighed less and   20.7
were born to the life, received a pound only of the fish
and managed to keep in good condition.
Sin embargo, los otros perros, como pesaban menos y
habían nacido para la vida, recibían una libra sólo del
pescado y se las arreglaban para mantenerse en buenas
condiciones.

He swiftly lost the fastidiousness which had   21.1
characterized his old life.
Rápidamente perdió la fastidiosidad que había
caracterizado su antigua vida.

A dainty eater, he found that his mates, finishing   21.2
first, robbed him of his unfinished ration.
Comía con delicadeza y descubrió que sus compañeros, al
terminar primero, le robaban su ración inacabada.

There was no defending it.   21.3
No había forma de defenderla.

While he was fighting off two or three,   21.4
Mientras él luchaba contra dos o tres,

21.5 it was disappearing down the throats of the others.
la ración desaparecía por las gargantas de los demás.

21.6 To remedy this, he ate as fast as they;
Para remediarlo, comía tan deprisa como ellos;

21.7 and, so greatly did hunger compel him, he was not above taking what did not belong to him.
y, tanto le apremiaba el hambre, que no se privaba de tomar lo que no le pertenecía.

21.8 He watched and learned.
Observaba y aprendía.

21.9 When he saw Pike, one of the new dogs, a clever malingerer and thief, slyly steal a slice of bacon when Perrault's back was turned, he duplicated the performance the following day, getting away with the whole chunk.
Cuando vio a Pike, uno de los nuevos perros, un astuto ladrón y malintencionado, robar disimuladamente una loncha de tocino cuando Perrault estaba de espaldas, repitió la acción al día siguiente, llevándose todo el trozo.

21.10 A great uproar was raised, but he was unsuspected;
Se armó un gran alboroto, pero no se sospechó de él;

21.11 while Dub, an awkward blunderer who was always getting caught, was punished for Buck's misdeed.
mientras que Dub, un torpe metedor de pata al que siempre pillaban, fue castigado por la fechoría de Buck.

22.1 This first theft marked Buck as fit to survive in the hostile Northland environment.
Este primer robo marcó a Buck como apto para sobrevivir en el hostil entorno de Northland.

It marked his adaptability, his capacity to adjust himself to changing conditions, the lack of which would have meant swift and terrible death.

22.2

Marcó su adaptabilidad, su capacidad de ajustarse a condiciones cambiantes, cuya falta habría significado una muerte rápida y terrible.

It marked, further, the decay or going to pieces of his moral nature, a vain thing and a handicap in the ruthless struggle for existence.

22.3

Marcó, además, la decadencia o el desmoronamiento de su naturaleza moral, algo vano y una desventaja en la despiadada lucha por la existencia.

It was all well enough in the Southland, under the law of love and fellowship, to respect private property and personal feelings;

22.4

En la Tierra del Sur, bajo la ley del amor y el compañerismo, estaba muy bien respetar la propiedad privada y los sentimientos personales;

but in the Northland, under the law of club and fang, whoso took such things into account was a fool, and in so far as he observed them he would fail to prosper.

22.5

pero en la Tierra del Norte, bajo la ley del garrote y el colmillo, quien tuviera en cuenta tales cosas era un necio, y en la medida en que las observara no prosperaría.

Not that Buck reasoned it out.

23.1

No es que Buck lo razonara.

He was fit, that was all, and unconsciously he accommodated himself to the new mode of life.

23.2

Estaba en forma, eso era todo, e inconscientemente se acomodó al nuevo modo de vida.

23.3 All his days, no matter what the odds, he had never run from a fight.

En todos sus días, sin importar las probabilidades, nunca había huido de una pelea.

23.4 But the club of the man in the red sweater had beaten into him a more fundamental and primitive code.

Pero el garrote del hombre del jersey rojo le había inculcado un código más fundamental y primitivo.

23.5 Civilized, he could have died for a moral consideration, say the defence of Judge Miller's riding-whip;

Civilizado, podría haber muerto por una consideración moral, digamos la defensa de la fusta del juez Miller;

23.6 but the completeness of his decivilization was now evidenced by his ability to flee from the defence of a moral consideration and so save his hide.

pero lo completo de su descivilización se evidenciaba ahora en su capacidad para huir de la defensa de una consideración moral y salvar así el pellejo.

23.7 He did not steal for joy of it,

No robaba por placer,

23.8 but because of the clamor of his stomach.

sino por el clamor de su estómago.

23.9 He did not rob openly, but stole secretly and cunningly, out of respect for club and fang.

No robaba abiertamente, sino en secreto y con astucia, por respeto al garrote y al colmillo.

In short, the things he did were done because it was easier to do them than not to do them. 23.10

En resumen, las cosas que hacía, las hacía porque era más fácil hacerlas que no hacerlas.

His development (or retrogression) was rapid. 24.1

Su desarrollo (o retroceso) fue rápido.

His muscles became hard as iron, and he grew callous to all ordinary pain. 24.2

Sus músculos se endurecieron como el hierro y se volvió insensible a todo dolor ordinario.

He achieved an internal as well as external economy. 24.3

Logró una economía interna y externa.

He could eat anything, no matter how loathsome or indigestible; and, once eaten, the juices of his stomach extracted the last least particle of nutriment; and his blood carried it to the farthest reaches of his body, building it into the toughest and stoutest of tissues. 24.4

Podía comer cualquier cosa, por repugnante o indigesta que fuera; y, una vez ingerida, los jugos de su estómago extraían hasta la última partícula de nutrimento, y su sangre la transportaba hasta los rincones más recónditos de su cuerpo, convirtiéndola en el más duro y resistente de los tejidos.

Sight and scent became remarkably keen, 24.5

La vista y el olfato se volvieron extraordinariamente agudos,

24.6 while his hearing developed such acuteness that in his sleep he heard the faintest sound and knew whether it heralded peace or peril.

mientras que su oído desarrolló tal agudeza que en sueños oía el más leve sonido y sabía si anunciaba paz o peligro.

24.7 He learned to bite the ice out with his teeth when it collected between his toes;

Aprendió a morder el hielo con los dientes cuando se le acumulaba entre los dedos de los pies;

24.8 and when he was thirsty and there was a thick scum of ice over the water hole,

y cuando tenía sed y había una espesa capa de hielo sobre la charca,

24.9 he would break it by rearing and striking it with stiff fore legs.

la rompía levantándose y golpeándola con las patas delanteras rígidas.

24.10 His most conspicuous trait was an ability to scent the wind and forecast it a night in advance.

Su rasgo más conspicuo era su habilidad para olfatear el viento y predecirlo con una noche de antelación.

24.11 No matter how breathless the air when he dug his nest by tree or bank, the wind that later blew inevitably found him to leeward, sheltered and snug.

No importaba que el aire estuviera muy fresco cuando cavaba su nido junto a un árbol o una orilla, el viento que soplaba más tarde lo encontraba inevitablemente a sotavento, resguardado y acurrucado.

25.1 And not only did he learn by experience,

Y no sólo aprendió por experiencia,

but instincts long dead became alive again. 25.2
sino que instintos muertos hace tiempo volvieron a cobrar vida.

The domesticated generations fell from him. 25.3
Las generaciones domesticadas se alejaron de él.

In vague ways he remembered back to the youth of the breed, 25.4
Recordaba vagamente la juventud de la raza,

to the time the wild dogs ranged in packs through the primeval forest and killed their meat as they ran it down. 25.5
la época en que los perros salvajes corrían en manadas por el bosque primitivo y mataban la carne mientras la cazaban.

It was no task for him to learn to fight with cut and slash and the quick wolf snap. 25.6
No le costó mucho aprender a luchar con el tajo y el rápido chasquido del lobo.

In this manner had fought forgotten ancestors. 25.7
De esta manera habían luchado antepasados olvidados.

They quickened the old life within him, 25.8
Ellos avivaron la vieja vida dentro de él,

and the old tricks which they had stamped into the heredity of the breed were his tricks. 25.9
y los viejos trucos que habían estampado en la herencia de la raza eran sus trucos.

They came to him without effort or discovery, 25.10
Le venían sin esfuerzo ni descubrimiento,

25.11 as though they had been his always.

como si siempre hubieran sido suyos.

25.12 And when, on the still cold nights, he pointed his nose at a star and howled long and wolflike, it was his ancestors, dead and dust, pointing nose at star and howling down through the centuries and through him.

Y cuando, en las noches aún frías, apuntaba su nariz a una estrella y aullaba largo y lobuno, eran sus antepasados, muertos y polvorientos, apuntando su nariz a una estrella y aullando a través de los siglos y a través de él.

25.13 And his cadences were their cadences, the cadences which voiced their woe and what to them was the meaning of the stiffness, and the cold, and dark.

Y sus cadencias eran sus cadencias, las cadencias que expresaban su dolor y lo que para ellos significaba la rigidez, el frío y la oscuridad.

26.1 Thus, as token of what a puppet thing life is, the ancient song surged through him and he came into his own again;

Así, como una muestra de lo marioneta que es la vida, la antigua canción surgió a través de él y volvió a lo suyo;

26.2 and he came because men had found a yellow metal in the North,

y vino porque los hombres habían encontrado un metal amarillo en el Norte,

26.3 and because Manuel was a gardener's helper whose wages did not lap over the needs of his wife and divers small copies of himself.

y porque Manuel era un ayudante de jardinero cuyo salario no cubría las necesidades de su esposa y de varias pequeñas copias de sí mismo.

Chapter III. The Dominant Primordial Beast

Capítulo III. La Bestia Primordial Dominante

1.1   The dominant primordial beast was strong in Buck,
La bestia primordial dominante era fuerte en Buck,

1.2   and under the fierce conditions of trail life it grew and grew.
y bajo las feroces condiciones de la vida en el sendero crecía y crecía.

1.3   Yet it was a secret growth.
Sin embargo, era un crecimiento secreto.

1.4   His newborn cunning gave him poise and control.
Su astucia de recién nacido le dio aplomo y control.

1.5   He was too busy adjusting himself to the new life to feel at ease, and not only did he not pick fights, but he avoided them whenever possible.
Estaba demasiado ocupado adaptándose a la nueva vida para sentirse a gusto, y no sólo no buscaba peleas, sino que las evitaba siempre que podía.

A certain deliberateness characterized his attitude.   1.6
Su actitud se caracterizaba por una cierta deliberación.

He was not prone to rashness and precipitate action;   1.7
and in the bitter hatred between him and Spitz he
betrayed no impatience,
No era propenso a la temeridad ni a las acciones
precipitadas,

shunned all offensive acts.   1.8
y en el encarnizado odio que lo enfrentaba a Spitz no
mostraba impaciencia ni rehuía los actos ofensivos.

On the other hand, possibly because he divined   2.1
in Buck a dangerous rival, Spitz never lost an
opportunity of showing his teeth.
Por otra parte, posiblemente porque adivinó en Buck un
rival peligroso, Spitz nunca perdió la oportunidad de
enseñar los dientes.

He even went out of his way to bully Buck,   2.2
Incluso se desvivía por intimidar a Buck,

striving constantly to start the fight which could end   2.3
only in the death of one or the other.
esforzándose constantemente por iniciar una pelea que
sólo podía acabar con la muerte de uno u otro.

Early in the trip this might have taken place had it   2.4
not been for an unwonted accident.
Al principio del viaje esto podría haber ocurrido si no
hubiera sido por un accidente inesperado.

At the end of this day they made a bleak and   2.5
miserable camp on the shore of Lake Le Barge.
Al final del día acamparon en un lugar sombrío y miserable,
a orillas del lago Le Barge.

2.6 Driving snow, a wind that cut like a white-hot knife, and darkness had forced them to grope for a camping place.

Nieve torrencial, un viento que cortaba como un cuchillo candente y la oscuridad les habían obligado a buscar a tientas un lugar para acampar.

2.7 They could hardly have fared worse.

Difícilmente les podría haber ido peor.

2.8 At their backs rose a perpendicular wall of rock,

A sus espaldas se alzaba una pared perpendicular de roca,

2.9 and Perrault and François were compelled to make their fire and spread their sleeping robes on the ice of the lake itself.

y Perrault y François se vieron obligados a encender el fuego y extender sus ropas de dormir sobre el hielo del propio lago.

2.10 The tent they had discarded at Dyea in order to travel light.

En Dyea habían desechado la tienda para viajar ligeros.

2.11 A few sticks of driftwood furnished them with a fire that thawed down through the ice and left them to eat supper in the dark.

Unos palos de madera a la deriva les proporcionaron un fuego que se descongeló a través del hielo y les permitió cenar en la oscuridad.

3.1 Close in under the sheltering rock Buck made his nest.

Buck hizo su nido debajo de la roca.

3.2 So snug and warm was it,

Tan cómodo y cálido era,

that he was loath to leave it when François
distributed the fish which he had first thawed over
the fire.

3.3

que se resistió a abandonarlo cuando François distribuyó el
pescado que había descongelado primero sobre el fuego.

But when Buck finished his ration and returned,

3.4

Pero cuando Buck terminó su ración y regresó,

he found his nest occupied.

3.5

encontró su nido ocupado.

A warning snarl told him that the trespasser was
Spitz.

3.6

Un gruñido de advertencia le dijo que el intruso era Spitz.

Till now Buck had avoided trouble with his enemy,

3.7

Hasta ahora Buck había evitado problemas con su enemigo,

but this was too much. The beast in him roared.

3.8

pero esto era demasiado. La bestia en él rugió.

He sprang upon Spitz with a fury which surprised
them both, and Spitz particularly, for his whole
experience with Buck had gone to teach him that his
rival was an unusually timid dog, who managed to
hold his own only because of his great weight and
size.

3.9

Se abalanzó sobre Spitz con una furia que sorprendió a
ambos, y a Spitz en particular, ya que toda su experiencia
con Buck le había enseñado que su rival era un perro
inusualmente tímido, que se las arreglaba para mantenerse
solo gracias a su gran peso y tamaño.

4.1 François was surprised, too, when they shot out in a tangle from the disrupted nest and he divined the cause of the trouble.

François también se sorprendió cuando salieron disparados en una maraña del nido desbaratado y adivinó la causa del problema.

4.2 "A-a-ah!" he cried to Buck. "Gif it to heem,

"¡A-a-ah!" le gritó a Buck. "¡Gif it to heem,

4.3 by Gar! Gif it to heem, the dirty t'eef!"

by Gar! Dáselo a él, el sucio t'eef!"

5.1 Spitz was equally willing.

Spitz estaba igual de dispuesto.

5.2 He was crying with sheer rage and eagerness as he circled back and forth for a chance to spring in.

Estaba llorando de pura rabia y ansia mientras daba vueltas hacia adelante y hacia atrás en busca de una oportunidad para saltar.

5.3 Buck was no less eager, and no less cautious, as he likewise circled back and forth for the advantage.

Buck no estaba menos ansioso, y no era menos cauteloso, mientras daba vueltas de un lado a otro en busca de la ventaja.

5.4 But it was then that the unexpected happened, the thing which projected their struggle for supremacy far into the future, past many a weary mile of trail and toil.

Pero fue entonces cuando ocurrió lo inesperado, lo que proyectó su lucha por la supremacía lejos en el futuro, más allá de muchas millas cansadas de sendero y trabajo.

An oath from Perrault, the resounding impact of
a club upon a bony frame, and a shrill yelp of pain,
heralded the breaking forth of pandemonium.

6.1

Un juramento de Perrault, el resonante impacto de un
garrote contra una osamenta y un agudo aullido de dolor
anunciaron el estallido del pandemónium.

The camp was suddenly discovered to be alive with
skulking furry forms, — starving huskies, four or five
score of them, who had scented the camp from some
Indian village.

6.2

De pronto se descubrió que el campamento estaba repleto
de peludos eslizones: cuatro o cinco huskies hambrientos
que habían olfateado el campamento desde algún poblado
indio.

They had crept in while Buck and Spitz were fighting,

6.3

Habían entrado sigilosamente mientras Buck y Spitz
luchaban,

and when the two men sprang among them with
stout clubs they showed their teeth and fought back.

6.4

y cuando los dos hombres se abalanzaron sobre ellos con
robustos garrotes mostraron los dientes y se defendieron.

They were crazed by the smell of the food.

6.5

Estaban enloquecidos por el olor de la comida.

Perrault found one with head buried in the grub-box.

6.6

Perrault encontró a uno con la cabeza hundida en la caja de
comida.

His club landed heavily on the gaunt ribs,

6.7

Su garrote cayó pesadamente sobre las costillas enjutas,

and the grub-box was capsized on the ground.

6.8

y la caja de comida volcó en el suelo.

6.9 On the instant a score of the famished brutes were scrambling for the bread and bacon.

Al instante, una veintena de brutos hambrientos se abalanzaron sobre el pan y el tocino.

6.10 The clubs fell upon them unheeded.

Los garrotes cayeron sobre ellos sin hacerles caso.

6.11 They yelped and howled under the rain of blows,

Gritaron y aullaron bajo la lluvia de golpes,

6.12 but struggled none the less madly till the last crumb had been devoured.

pero lucharon con locura hasta devorar la última migaja.

7.1 In the meantime the astonished team-dogs had burst out of their nests only to be set upon by the fierce invaders.

Mientras tanto, los asombrados perros habían salido de sus nidos para ser atacados por los feroces invasores.

7.2 Never had Buck seen such dogs.

Buck nunca había visto perros así.

7.3 It seemed as though their bones would burst through their skins.

Parecía como si sus huesos fueran a reventar a través de sus pieles.

7.4 They were mere skeletons, draped loosely in draggled hides, with blazing eyes and slavered fangs.

Eran meros esqueletos, envueltos en pieles arrastradas, con ojos ardientes y colmillos hendidos.

7.5 But the hunger-madness made them terrifying, irresistible.

Pero el hambre los hacía aterradores, irresistibles.

There was no opposing them.

7.6

Era imposible oponerse a ellos.

The team-dogs were swept back against the cliff at the first onset.

7.7

A la primera embestida, los perros del equipo retrocedieron contra el acantilado.

Buck was beset by three huskies,

7.8

Buck fue acosado por tres huskies,

and in a trice his head and shoulders were ripped and slashed.

7.9

y en un santiamén su cabeza y hombros fueron desgarrados y acuchillados.

The din was frightful. Billee was crying as usual.

7.10

El estruendo era espantoso. Billee lloraba como de costumbre.

Dave and Sol-leks, dripping blood from a score of wounds, were fighting bravely side by side.

7.11

Dave y Sol-leks, chorreando sangre por una veintena de heridas, luchaban valientemente codo con codo.

Joe was snapping like a demon.

7.12

Joe chasqueaba como un demonio.

Once, his teeth closed on the fore leg of a husky, and he crunched down through the bone.

7.13

Una vez, sus dientes se cerraron sobre la pata delantera de un husky, y crujió hasta el hueso.

7.14 **Pike, the malingerer, leaped upon the crippled animal, breaking its neck with a quick flash of teeth and a jerk, Buck got a frothing adversary by the throat, and was sprayed with blood when his teeth sank through the jugular.**

Pike, el malhechor, saltó sobre el animal lisiado, rompiéndole el cuello con un rápido destello de dientes y un tirón, Buck agarró a un espumoso adversario por la garganta, y fue rociado con sangre cuando sus dientes se hundieron en la yugular.

7.15 **The warm taste of it in his mouth goaded him to greater fierceness.**

El cálido sabor de la sangre en su boca le incitó a una mayor ferocidad.

7.16 **He flung himself upon another, and at the same time felt teeth sink into his own throat.**

Se lanzó sobre otro y, al mismo tiempo, sintió que los dientes se hundían en su propia garganta.

7.17 **It was Spitz, treacherously attacking from the side.**

Era Spitz, que atacaba a traición por el costado.

8.1 **Perrault and François, having cleaned out their part of the camp, hurried to save their sled-dogs.**

Perrault y François, habiendo limpiado su parte del campamento, se apresuraron a salvar a sus perros de trineo.

8.2 **The wild wave of famished beasts rolled back before them, and Buck shook himself free.**

La salvaje oleada de bestias hambrientas retrocedió ante ellos y Buck se liberó.

8.3 **But it was only for a moment.**

Pero fue sólo por un momento.

The two men were compelled to run back to save the grub, 8.4

Los dos hombres se vieron obligados a volver corriendo para salvar la comida,

upon which the huskies returned to the attack on the team. 8.5

tras lo cual los huskies volvieron a atacar al equipo.

Billee, terrified into bravery, sprang through the savage circle and fled away over the ice. 8.6

Billee, aterrorizado hasta la valentía, saltó a través del círculo salvaje y huyó por el hielo.

Pike and Dub followed on his heels, 8.7

Pike y Dub le pisaban los talones,

with the rest of the team behind. 8.8

con el resto del equipo detrás.

As Buck drew himself together to spring after them, 8.9

Cuando Buck se dispuso a saltar tras ellos,

out of the tail of his eye he saw Spitz rush upon him with the evident intention of overthrowing him. 8.10

vio de reojo que Spitz se abalanzaba sobre él con la evidente intención de derribarle.

Once off his feet and under that mass of huskies, 8.11

Una vez de pie y bajo aquella masa de huskies,

there was no hope for him. 8.12

no había esperanza para él.

But he braced himself to the shock of Spitz's charge, 8.13

Pero se preparó para el choque de la carga de Spitz,

8.14 **then joined the flight out on the lake.**
y luego se unió a la huida en el lago.

9.1 **Later,**
Más tarde,

9.2 **the nine team-dogs gathered together and sought shelter in the forest.**
los nueve perros del equipo se reunieron y buscaron refugio en el bosque.

9.3 **Though unpursued, they were in a sorry plight.**
Aunque no les perseguían, estaban en una situación lamentable.

9.4 **There was not one who was not wounded in four or five places,**
No había ni uno solo que no estuviera herido en cuatro o cinco sitios,

9.5 **while some were wounded grievously.**
mientras que algunos estaban gravemente heridos.

9.6 **Dub was badly injured in a hind leg;**
Dub estaba malherido en una pata trasera;

9.7 **Dolly, the last husky added to the team at Dyea, had a badly torn throat;**
Dolly, el último husky añadido al equipo en Dyea, tenía la garganta muy desgarrada;

9.8 **Joe had lost an eye;**
Joe había perdido un ojo;

while Billee, the good-natured, with an ear 9.9
chewed and rent to ribbons, cried and whimpered
throughout the night.

mientras que Billee, el bonachón, con una oreja mordida y
hecha tiras, lloró y gimoteó durante toda la noche.

At daybreak they limped warily back to camp, 9.10

Al amanecer regresaron cojeando al campamento,

to find the marauders gone and the two men in bad 9.11
tempers.

para encontrarse con que los merodeadores se habían ido y
los dos hombres estaban de mal humor.

Fully half their grub supply was gone. 9.12

Habían perdido la mitad de su comida.

The huskies had chewed through the sled lashings 9.13
and canvas coverings.

Los huskies habían mordido las amarras del trineo y las
lonas.

In fact, nothing, no matter how remotely eatable, 9.14
had escaped them.

De hecho, nada, por remotamente comestible que fuera, se
les había escapado.

They had eaten a pair of Perrault's moose-hide 9.15
moccasins, chunks out of the leather traces, and
even two feet of lash from the end of François's whip.

Se habían comido un par de mocasines de piel de alce de
Perrault, trozos de las traíllas de cuero e incluso medio
metro de cuerda del extremo del látigo de François.

He broke from a mournful contemplation of it to look 9.16
over his wounded dogs.

Dejó de contemplarlo para mirar a sus perros heridos.

10.1 "Ah, my frien's," he said softly,

"Ah, amigo mío," dijo en voz baja,

10.2 "mebbe it mek you mad dog, dose many bites.

"quizá te haya vuelto un perro rabioso, con tantos mordiscos.

10.3 Mebbe all mad dog, sacredam! Wot you t'ink, eh, Perrault?"

¡Quizás un perro loco, sacredam! ¿Qué te parece, eh, Perrault?"

11.1 The courier shook his head dubiously.

El mensajero sacudió la cabeza, dubitativo.

11.2 With four hundred miles of trail still between him and Dawson,

Con cuatrocientas millas de camino todavía entre él y Dawson,

11.3 he could ill afford to have madness break out among his dogs.

no podía permitirse el lujo de que se desatara la locura entre sus perros.

11.4 Two hours of cursing and exertion got the harnesses into shape, and the wound-stiffened team was under way, struggling painfully over the hardest part of the trail they had yet encountered, and for that matter, the hardest between them and Dawson.

Dos horas de maldiciones y esfuerzos pusieron los arneses en forma, y el equipo, rígido por las heridas, se puso en marcha, luchando penosamente por la parte más dura del camino que habían encontrado hasta entonces, y por lo tanto, la más dura entre ellos y Dawson.

The Thirty Mile River was wide open.

12.1

El río Thirty Mile estaba completamente abierto.

Its wild water defied the frost,

12.2

Sus aguas salvajes desafiaban la escarcha,

and it was in the eddies only and in the quiet places that the ice held at all.

12.3

y el hielo sólo se mantenía en los remolinos y en los lugares tranquilos.

Six days of exhausting toil were required to cover those thirty terrible miles.

12.4

Se necesitaron seis días de agotador trabajo para cubrir esas treinta terribles millas.

And terrible they were,

12.5

Y fueron terribles,

for every foot of them was accomplished at the risk of life to dog and man.

12.6

pues cada metro se recorrió a riesgo de la vida del perro y del hombre.

A dozen times, Perrault, nosing the way broke through the ice bridges, being saved by the long pole he carried, which he so held that it fell each time across the hole made by his body.

12.7

Una docena de veces, Perrault, abriéndose camino, atravesó los puentes de hielo, salvándose gracias a la larga pértiga que llevaba, que sujetaba de tal modo que cada vez caía a través del agujero hecho por su cuerpo.

12.8 But a cold snap was on, the thermometer registering fifty below zero, and each time he broke through he was compelled for very life to build a fire and dry his garments.

Pero había una ola de frío, el termómetro marcaba cincuenta grados bajo cero, y cada vez que se abría paso se veía obligado, por su propia vida, a encender un fuego y secar su ropa.

13.1 Nothing daunted him.

Nada le amedrentaba.

13.2 It was because nothing daunted him that he had been chosen for government courier.

Fue porque nada le amedrentaba por lo que había sido elegido mensajero del gobierno.

13.3 He took all manner of risks,

Corrió todo tipo de riesgos,

13.4 resolutely thrusting his little weazened face into the frost and struggling on from dim dawn to dark.

metiendo resueltamente su pequeño rostro cansado en la escarcha y luchando desde el tenue amanecer hasta la oscuridad.

13.5 He skirted the frowning shores on rim ice that bent and crackled under foot and upon which they dared not halt.

Bordeó las fruncidas orillas sobre un hielo que se doblaba y crepitaba bajo sus pies y sobre el que no se atrevían a detenerse.

Once, the sled broke through, with Dave and Buck, and they were half-frozen and all but drowned by the time they were dragged out.

13.6

Una vez, el trineo se abrió paso, con Dave y Buck, y estaban medio congelados y casi ahogados cuando los sacaron a rastras.

The usual fire was necessary to save them.

13.7

Fue necesario el fuego habitual para salvarlos.

They were coated solidly with ice, and the two men kept them on the run around the fire, sweating and thawing, so close that they were singed by the flames.

13.8

Estaban sólidamente cubiertos de hielo, y los dos hombres los mantuvieron corriendo alrededor del fuego, sudando y descongelándose, tan cerca que las llamas los chamuscaron.

At another time Spitz went through, dragging the whole team after him up to Buck, who strained backward with all his strength, his fore paws on the slippery edge and the ice quivering and snapping all around.

14.1

En otro momento Spitz pasó, arrastrando a todo el equipo tras él hasta Buck, que se esforzaba hacia atrás con todas sus fuerzas, sus patas delanteras en el borde resbaladizo y el hielo temblando y rompiéndose por todas partes.

But behind him was Dave, likewise straining backward, and behind the sled was François, pulling till his tendons cracked.

14.2

Pero detrás de él estaba Dave, también haciendo fuerza hacia atrás, y detrás del trineo estaba François, tirando hasta que sus tendones se agrietaron.

15.1 **Again, the rim ice broke away before and behind, and there was no escape except up the cliff.**

Una vez más, el borde de hielo se rompió por delante y por detrás, y no había más escapatoria que el acantilado.

15.2 **Perrault scaled it by a miracle,**

Perrault lo escaló de milagro,

15.3 **while François prayed for just that miracle;**

mientras François rezaba precisamente por ese milagro;

15.4 **and with every thong and sled lashing and the last bit of harness rove into a long rope, the dogs were hoisted, one by one, to the cliff crest.**

y con todas las correas y lazos del trineo y el último trozo de arnés enrollado en una larga cuerda, los perros fueron izados, uno a uno, hasta la cresta del acantilado.

15.5 **François came up last, after the sled and load.**

François subió el último, tras el trineo y la carga.

15.6 **Then came the search for a place to descend, which descent was ultimately made by the aid of the rope, and night found them back on the river with a quarter of a mile to the day's credit.**

Luego vino la búsqueda de un lugar para descender, descenso que finalmente se hizo con la ayuda de la cuerda, y la noche los encontró de vuelta en el río con un cuarto de milla en el haber del día.

16.1 **By the time they made the Hootalinqua and good ice,**

Cuando llegaron al Hootalinqua y al hielo,

16.2 **Buck was played out.**

Buck estaba agotado.

The rest of the dogs were in like condition; but
Perrault, to make up lost time, pushed them late
and early.

16.3

El resto de los perros estaban en las mismas condiciones,
pero Perrault, para recuperar el tiempo perdido, los
empujó tarde y temprano.

The first day they covered thirty-five miles to the Big
Salmon;

16.4

El primer día cubrieron treinta y cinco millas hasta el
Salmón Grande;

the next day thirty-five more to the Little Salmon;

16.5

al día siguiente, treinta y cinco más hasta el Salmón
Pequeño;

the third day forty miles, which brought them well
up toward the Five Fingers.

16.6

el tercer día, cuarenta millas, lo que les llevó hasta los Cinco
Dedos.

Buck's feet were not so compact and hard as the feet
of the huskies.

17.1

Los pies de Buck no eran tan compactos y duros como los de
los huskies.

His had softened during the many generations since
the day his last wild ancestor was tamed by a cave-
dweller or river man.

17.2

Los suyos se habían ablandado durante las muchas
generaciones transcurridas desde el día en que su último
antepasado salvaje fue domesticado por un cavernícola o
un ribereño.

17.3 All day long he limped in agony, and camp once made, lay down like a dead dog.

Durante todo el día cojeaba con agonía y, una vez acampado, se tumbaba como un perro muerto.

17.4 Hungry as he was, he would not move to receive his ration of fish, which François had to bring to him.

Hambriento como estaba, no se movía para recibir su ración de pescado, que François tenía que llevarle.

17.5 Also, the dog-driver rubbed Buck's feet for half an hour each night after supper, and sacrificed the tops of his own moccasins to make four moccasins for Buck.

Además, el perrero frotó los pies de Buck durante media hora cada noche después de la cena, y sacrificó la parte superior de sus propios mocasines para hacer cuatro mocasines para Buck.

17.6 This was a great relief, and Buck caused even the weazened face of Perrault to twist itself into a grin one morning, when François forgot the moccasins and Buck lay on his back, his four feet waving appealingly in the air, and refused to budge without them.

Esto fue un gran alivio, y Buck hizo que incluso la cara cansada de Perrault se torciera en una sonrisa una mañana, cuando François olvidó los mocasines y Buck se tumbó de espaldas, con sus cuatro pies ondeando atractivamente en el aire, y se negó a moverse sin ellos.

17.7 Later his feet grew hard to the trail,

Más tarde,

17.8 and the worn-out foot-gear was thrown away.

sus pies se endurecieron en el sendero y el gastado calzado fue desechado.

At the Pelly one morning, as they were harnessing up, Dolly, who had never been conspicuous for anything, went suddenly mad.

18.1

Una mañana, en el Pelly, mientras preparaban los arreos, Dolly, que nunca había destacado por nada, enloqueció de repente.

She announced her condition by a long, heartbreaking wolf howl that sent every dog bristling with fear, then sprang straight for Buck.

18.2

Anunció su estado con un largo y desgarrador aullido de lobo que erizó de miedo a todos los perros, y luego se lanzó directamente hacia Buck.

He had never seen a dog go mad,

18.3

Éste nunca había visto a un perro enloquecer,

nor did he have any reason to fear madness;

18.4

ni tenía motivos para temer la locura;

yet he knew that here was horror, and fled away from it in a panic.

18.5

sin embargo, sabía que allí estaba el horror, y huyó despavorido.

Straight away he raced, with Dolly, panting and frothing, one leap behind;

18.6

En seguida corrió, con Dolly, jadeante y espumosa, un salto detrás;

nor could she gain on him, so great was his terror, nor could he leave her, so great was her madness.

18.7

ni ella pudo alcanzarlo, tan grande era su terror, ni él pudo dejarla, tan grande era su locura.

18.8 He plunged through the wooded breast of the island, flew down to the lower end, crossed a back channel filled with rough ice to another island, gained a third island, curved back to the main river, and in desperation started to cross it.

Se zambulló por el seno boscoso de la isla, voló hasta el extremo inferior, cruzó un canal trasero lleno de hielo áspero hasta otra isla, ganó una tercera isla, se curvó de nuevo hacia el río principal y, desesperado, empezó a cruzarlo.

18.9 And all the time, though he did not look, he could hear her snarling just one leap behind.

Y todo el tiempo, aunque no miraba, la oía gruñir a un salto de distancia.

18.10 François called to him a quarter of a mile away and he doubled back, still one leap ahead, gasping painfully for air and putting all his faith in that François would save him.

François le llamó a un cuarto de milla de distancia y él retrocedió, todavía un salto por delante, jadeando dolorosamente en busca de aire y poniendo toda su fe en que François le salvaría.

18.11 The dog-driver held the axe poised in his hand, and as Buck shot past him the axe crashed down upon mad Dolly's head.

El perrero tenía el hacha en la mano, y cuando Buck pasó disparado junto a él, el hacha se estrelló contra la cabeza de la loca Dolly.

19.1 Buck staggered over against the sled, exhausted, sobbing for breath, helpless.

Buck se tambaleó contra el trineo, exhausto, sollozando por la respiración, impotente.

This was Spitz's opportunity. He sprang upon Buck, 19.2

Era la oportunidad de Spitz. Se abalanzó sobre Buck,

and twice his teeth sank into his unresisting foe and 19.3
ripped and tore the flesh to the bone.

y dos veces sus dientes se hundieron en su enemigo que no
se resistía y rasgaron y desgarraron la carne hasta el hueso.

Then François's lash descended, 19.4

Entonces el látigo de François descendió,

and Buck had the satisfaction of watching Spitz 19.5
receive the worst whipping as yet administered to
any of the teams.

y Buck tuvo la satisfacción de ver a Spitz recibir el peor
azote administrado a cualquiera de los equipos.

"One devil, dat Spitz," remarked Perrault. 20.1

"Un demonio, ese Spitz," comentó Perrault.

"Some dam day heem keel dat Buck." 20.2

"Algún día le quitará la quilla a ese Buck."

"Dat Buck two devils," was François's rejoinder. 21.1

"Dat Buck dos demonios," fue la respuesta de François.

"All de tam I watch dat Buck I know for sure. Lissen: 21.2

"Todo el tiempo que veo a ese Buck estoy seguro. Lissen:

some dam fine day heem get mad lak hell an' den 21.3
heem chew dat Spitz all up an' spit heem out on de
snow.

un buen día se enfadará como un demonio y masticará a ese
Spitz y lo escupirá en la nieve.

21.4 Sure. I know."
Seguro. Lo sé."

22.1 From then on it was war between them.
A partir de ese momento, hubo guerra entre ellos.

22.2 Spitz, as lead-dog and acknowledged master of the team, felt his supremacy threatened by this strange Southland dog.
Spitz, como perro líder y reconocido amo del equipo, sintió su supremacía amenazada por este extraño perro de las tierras del sur.

22.3 And strange Buck was to him, for of the many Southland dogs he had known, not one had shown up worthily in camp and on trail.
Y Buck era extraño para él, porque de los muchos perros de las tierras del sur que había conocido, ninguno se había mostrado digno en el campamento y en el camino.

22.4 They were all too soft, dying under the toil, the frost, and starvation.
Todos eran demasiado blandos, moribundos por el trabajo, las heladas y el hambre.

22.5 Buck was the exception.
Buck era la excepción.

22.6 He alone endured and prospered, matching the husky in strength, savagery, and cunning.
Sólo él aguantó y prosperó, igualando al husky en fuerza, salvajismo y astucia.

22.7 Then he was a masterful dog,
Entonces era un perro dominante,

and what made him dangerous was the fact that the club of the man in the red sweater had knocked all blind pluck and rashness out of his desire for mastery. 22.8

y lo que le hacía peligroso era el hecho de que el garrote del hombre del jersey rojo le había quitado todo el arrojo y la temeridad de su deseo de dominio.

He was preeminently cunning, 22.9

Era preeminentemente astuto,

and could bide his time with a patience that was nothing less than primitive. 22.10

y podía esperar su momento con una paciencia que era nada menos que primitiva.

It was inevitable that the clash for leadership should come. 23.1

Era inevitable que se produjera el enfrentamiento por el liderazgo.

Buck wanted it. 23.2

Buck lo quería.

He wanted it because it was his nature, because he had been gripped tight by that nameless, incomprehensible pride of the trail and trace — that pride which holds dogs in the toil to the last gasp, which lures them to die joyfully in the harness, and breaks their hearts if they are cut out of the harness. 23.3

Lo quería porque era su naturaleza, porque había sido agarrado fuertemente por ese orgullo sin nombre e incomprensible del sendero y el rastro, ese orgullo que mantiene a los perros en el trabajo hasta el último suspiro, que los atrae a morir alegremente en el arnés, y les rompe el corazón si son cortados del arnés.

23.4   This was the pride of Dave as wheel-dog,

Este era el orgullo de Dave como perro de rueda,

23.5   of Sol-leks as he pulled with all his strength;

de Sol-leks cuando tiraba con todas sus fuerzas;

23.6   the pride that laid hold of them at break of camp, transforming them from sour and sullen brutes into straining, eager, ambitious creatures;

el orgullo que se apoderaba de ellos al levantar el campamento, transformándolos de brutos agrios y hoscos en criaturas esforzadas, ansiosas y ambiciosas;

23.7   the pride that spurred them on all day and dropped them at pitch of camp at night,

el orgullo que los espoleaba durante todo el día y los dejaba caer en el campamento por la noche,

23.8   letting them fall back into gloomy unrest and uncontent.

sumiéndolos en una sombría inquietud y descontento.

23.9   This was the pride that bore up Spitz and made him thrash the sled-dogs who blundered and shirked in the traces or hid away at harness-up time in the morning.

Este era el orgullo que animaba a Spitz y le hacía golpear a los perros de trineo que se equivocaban y esquivaban los rastros o se escondían a la hora de enganchar por la mañana.

23.10   Likewise it was this pride that made him fear Buck as a possible lead-dog.

También era este orgullo el que le hacía temer a Buck como posible perro guía.

And this was Buck's pride, too. 23.11
Y éste era también el orgullo de Buck.

He openly threatened the other's leadership. 24.1
Amenazó abiertamente el liderazgo del otro.

He came between him and the shirks he should have punished. 24.2
Se interpuso entre él y los shirks a los que debería haber castigado.

And he did it deliberately. 24.3
Y lo hizo deliberadamente.

One night there was a heavy snowfall, and in the morning Pike, the malingerer, did not appear. 24.4
Una noche hubo una fuerte nevada, y por la mañana Pike, el malintencionado, no apareció.

He was securely hidden in his nest under a foot of snow. 24.5
Estaba bien escondido en su nido bajo medio metro de nieve.

François called him and sought him in vain. 24.6
François lo llamó y lo buscó en vano.

Spitz was wild with wrath. 24.7
Spitz estaba furioso.

He raged through the camp, smelling and digging in every likely place, snarling so frightfully that Pike heard and shivered in his hiding-place. 24.8
Recorrió el campamento con furia, olfateando y escarbando en todos los lugares posibles, gruñendo tan espantosamente que Pike lo oyó y se estremeció en su escondite.

25.1 But when he was at last unearthed, and Spitz flew at him to punish him, Buck flew, with equal rage, in between.

Pero cuando por fin fue desenterrado, y Spitz voló hacia él para castigarle, Buck voló, con igual furia, en medio.

25.2 So unexpected was it, and so shrewdly managed, that Spitz was hurled backward and off his feet.

Tan inesperado fue, y tan astutamente manejado, que Spitz fue arrojado hacia atrás y cayó de pie.

25.3 Pike, who had been trembling abjectly, took heart at this open mutiny, and sprang upon his overthrown leader.

Pike, que había estado temblando abyectamente, se animó ante este abierto motín, y saltó sobre su derrocado líder.

25.4 Buck, to whom fair play was a forgotten code, likewise sprang upon Spitz.

Buck, para quien el juego limpio era un código olvidado, también se abalanzó sobre Spitz.

25.5 But François, chuckling at the incident while unswerving in the administration of justice, brought his lash down upon Buck with all his might.

Pero François, que se reía del incidente sin dejar de administrar justicia, azotó a Buck con todas sus fuerzas.

25.6 This failed to drive Buck from his prostrate rival,

Esto no consiguió apartar a Buck de su rival postrado,

25.7 and the butt of the whip was brought into play.

y la culata del látigo entró en juego.

Half-stunned by the blow, Buck was knocked backward and the lash laid upon him again and again, while Spitz soundly punished the many times offending Pike.

25.8

Medio aturdido por el golpe, Buck fue derribado hacia atrás y el látigo cayó sobre él una y otra vez, mientras Spitz castigaba duramente al varias veces ofensor Pike.

In the days that followed, as Dawson grew closer and closer, Buck still continued to interfere between Spitz and the culprits;

26.1

En los días siguientes, mientras Dawson se acercaba cada vez más, Buck seguía interfiriendo entre Spitz y los culpables;

but he did it craftily, when François was not around, With the covert mutiny of Buck, a general insubordination sprang up and increased.

26.2

pero lo hacía astutamente, cuando François no estaba cerca, Con el motín encubierto de Buck, surgió una insubordinación general que fue en aumento.

Dave and Sol-leks were unaffected,

26.3

Dave y Sol-leks no se vieron afectados,

but the rest of the team went from bad to worse.

26.4

pero el resto del equipo fue de mal en peor.

Things no longer went right.

26.5

Las cosas ya no iban bien.

There was continual bickering and jangling.

26.6

Había continuas discusiones y altercados.

Trouble was always afoot, and at the bottom of it was Buck.

26.7

Siempre había problemas, y en el fondo estaba Buck.

26.8 He kept François busy, for the dog-driver was in constant apprehension of the life-and-death struggle between the two which he knew must take place sooner or later;

Mantenía ocupado a François, pues el conductor de perros temía constantemente la lucha a vida o muerte entre los dos, que sabía que tendría lugar tarde o temprano;

26.9 and on more than one night the sounds of quarrelling and strife among the other dogs turned him out of his sleeping robe, fearful that Buck and Spitz were at it.

y más de una noche, los ruidos de las peleas entre los otros perros le sacaron de su bata de dormir, temeroso de que Buck y Spitz estuvieran peleándose.

27.1 But the opportunity did not present itself,

Pero la oportunidad no se presentó,

27.2 and they pulled into Dawson one dreary afternoon with the great fight still to come.

y llegaron a Dawson una tarde lúgubre en la que la gran batalla aún estaba por llegar.

27.3 Here were many men, and countless dogs, and Buck found them all at work.

Aquí había muchos hombres e innumerables perros, y Buck los encontró a todos trabajando.

27.4 It seemed the ordained order of things that dogs should work.

Parecía que el orden de las cosas era que los perros trabajaran.

27.5 All day they swung up and down the main street in long teams,

Todo el día subían y bajaban por la calle principal en largas yuntas, and in the night their jingling bells still went by. 27.6

y por la noche seguían sonando sus tintineantes campanillas.

They hauled cabin logs and firewood, freighted up to the mines, and did all manner of work that horses did in the Santa Clara Valley. 27.7

Transportaban troncos y leña a las cabañas, cargaban mercancías a las minas y hacían todo tipo de trabajos que hacían los caballos en el valle de Santa Clara.

Here and there Buck met Southland dogs, 27.8

Aquí y allá Buck se cruzaba con perros de las tierras del Sur,

but in the main they were the wild wolf husky breed. 27.9

pero en general eran de la raza de los huskys lobos salvajes.

Every night, regularly, at nine, at twelve, at three, they lifted a nocturnal song, a weird and eerie chant, in which it was Buck's delight to join. 27.10

Todas las noches, regularmente, a las nueve, a las doce, a las tres, entonaban una canción nocturna, un canto extraño y espeluznante, al que Buck se unía encantado.

28.1 With the aurora borealis flaming coldly overhead, or the stars leaping in the frost dance, and the land numb and frozen under its pall of snow, this song of the huskies might have been the defiance of life, only it was pitched in minor key, with long-drawn wailings and half-sobs, and was more the pleading of life, the articulate travail of existence.

Con la aurora boreal flameando fríamente en lo alto, o las estrellas saltando en la danza de la escarcha, y la tierra entumecida y helada bajo su manto de nieve, esta canción de los huskies podría haber sido el desafío de la vida, sólo que estaba entonada en tono menor, con largos lamentos y medio sollozos, y era más la súplica de la vida, el articulado afán de la existencia.

28.2 It was an old song, old as the breed itself — one of the first songs of the younger world in a day when songs were sad.

Era una vieja canción, tan vieja como la raza misma, una de las primeras canciones del mundo joven en una época en que las canciones eran tristes.

28.3 It was invested with the woe of unnumbered generations,

Estaba impregnada del dolor de innumerables generaciones,

28.4 this plaint by which Buck was so strangely stirred.

esta queja que conmovía extrañamente a Buck.

28.5 When he moaned and sobbed, it was with the pain of living that was of old the pain of his wild fathers, and the fear and mystery of the cold and dark that was to them fear and mystery.

Cuando gemía y sollozaba, lo hacía con el dolor de vivir que era antiguamente el dolor de sus salvajes padres, y el miedo y el misterio del frío y la oscuridad que eran para ellos miedo y misterio.

And that he should be stirred by it marked the completeness with which he harked back through the ages of fire and roof to the raw beginnings of life in the howling ages.

28.6

Y el hecho de que se sintiera conmovido por ello marcaba la plenitud con la que se remontaba, a través de las eras de fuego y techo, a los crudos comienzos de la vida en las eras aullantes.

Seven days from the time they pulled into Dawson, they dropped down the steep bank by the Barracks to the Yukon Trail, and pulled for Dyea and Salt Water.

29.1

Siete días después de llegar a Dawson, bajaron por la empinada orilla junto al cuartel hasta el sendero del Yukón, y se dirigieron a Dyea y Salt Water.

Perrault was carrying despatches if anything more urgent than those he had brought in;

29.2

Perrault llevaba despachos, si acaso más urgentes que los que había traído;

also, the travel pride had gripped him, and he purposed to make the record trip of the year.

29.3

además, el orgullo de viajar se había apoderado de él, y se proponía hacer el viaje récord del año.

Several things favored him in this.

29.4

Varias cosas le favorecían en esto.

The week's rest had recuperated the dogs and put them in thorough trim.

29.5

La semana de descanso había recuperado a los perros y los había puesto a punto.

29.6 **The trail they had broken into the country was packed hard by later journeyers.**

El sendero por el que se habían adentrado en el campo estaba muy transitado por viajeros posteriores.

29.7 **And further, the police had arranged in two or three places deposits of grub for dog and man, and he was travelling light.**

Además, la policía había dispuesto en dos o tres lugares depósitos de comida para el perro y el hombre, y él viajaba ligero.

30.1 **They made Sixty Mile, which is a fifty-mile run, on the first day; and the second day saw them booming up the Yukon well on their way to Pelly.**

El primer día recorrieron sesenta millas, es decir, ochenta kilómetros, y el segundo día remontaron el Yukón camino de Pelly.

30.2 **But such splendid running was achieved not without great trouble and vexation on the part of François.**

Pero tan espléndida carrera se logró no sin grandes problemas y vejaciones por parte de François.

30.3 **The insidious revolt led by Buck had destroyed the solidarity of the team.**

La insidiosa revuelta encabezada por Buck había destruido la solidaridad del equipo.

30.4 **It no longer was as one dog leaping in the traces.**

Ya no era como un solo perro saltando en los rastros.

30.5 **The encouragement Buck gave the rebels led them into all kinds of petty misdemeanors.**

El aliento que Buck daba a los rebeldes les llevaba a todo tipo de pequeñas fechorías.

No more was Spitz a leader greatly to be feared. 30.6
Spitz ya no era un líder temible.

The old awe departed, 30.7
El viejo temor se desvaneció,

and they grew equal to challenging his authority. 30.8
y los rebeldes comenzaron a desafiar su autoridad.

Pike robbed him of half a fish one night, 30.9
Una noche,

and gulped it down under the protection of Buck. 30.10
Pike le robó medio pescado y se lo tragó bajo la protección
de Buck.

Another night Dub and Joe fought Spitz and made 30.11
him forego the punishment they deserved.
Otra noche, Dub y Joe pelearon con Spitz y le hicieron
renunciar al castigo que merecían.

And even Billee, the good-natured, was less good- 30.12
natured, and whined not half so placatingly as in
former days.
E incluso Billee, el bonachón, era menos bonachón, y no
lloriqueaba ni la mitad de apaciguador que antaño.

Buck never came near Spitz without snarling and 30.13
bristling menacingly.
Buck nunca se acercaba a Spitz sin gruñir y erizarse
amenazadoramente.

In fact, his conduct approached that of a bully, and 30.14
he was given to swaggering up and down before
Spitz's very nose.
De hecho, su conducta se acercaba a la de un matón, y se
pavoneaba delante de las narices de Spitz.

31.1 The breaking down of discipline likewise affected the dogs in their relations with one another.

La ruptura de la disciplina también afectó a las relaciones entre los perros.

31.2 They quarrelled and bickered more than ever among themselves,

Se peleaban y reñían entre ellos más que nunca,

31.3 till at times the camp was a howling bedlam.

hasta que a veces el campamento era un caos aullante.

31.4 Dave and Sol-leks alone were unaltered,

Sólo Dave y Sol-leks permanecieron inalterables,

31.5 though they were made irritable by the unending squabbling.

aunque irritables por las interminables riñas.

31.6 François swore strange barbarous oaths, and stamped the snow in futile rage, and tore his hair.

François profería extraños juramentos bárbaros, pisoteaba la nieve con rabia inútil y se arrancaba el pelo.

31.7 His lash was always singing among the dogs,

Su látigo cantaba siempre entre los perros,

31.8 but it was of small avail.

pero de poco servía.

31.9 Directly his back was turned they were at it again.

En cuanto le daba la espalda, volvían a la carga.

31.10 He backed up Spitz with his whip,

Hizo retroceder a Spitz con su látigo,

while Buck backed up the remainder of the team. 31.11
mientras Buck hacía retroceder al resto del equipo.

François knew he was behind all the trouble, 31.12
François sabía que él estaba detrás de todo el lío,

and Buck knew he knew; 31.13
y Buck sabía que él lo sabía;

but Buck was too clever ever again to be caught red-handed. 31.14
pero Buck era demasiado listo para que le pillaran con las manos en la masa.

He worked faithfully in the harness, 31.15
Trabajaba fielmente en el arnés,

for the toil had become a delight to him; 31.16
porque el trabajo se había convertido en un placer para él;

yet it was a greater delight slyly to precipitate a fight amongst his mates and tangle the traces. 31.17
sin embargo, era un mayor placer precipitar astutamente una pelea entre sus compañeros y enredar los rastros.

At the mouth of the Tahkeena, one night after supper, Dub turned up a snowshoe rabbit, blundered it, and missed. 32.1
En la desembocadura del Tahkeena, una noche después de la cena, Dub buscó un conejo de raquetas de nieve, metió la pata y falló.

In a second the whole team was in full cry. 32.2
En un segundo todo el equipo se puso a gritar.

32.3 A hundred yards away was a camp of the Northwest Police, with fifty dogs, huskies all, who joined the chase.

A cien metros había un campamento de la Policía del Noroeste, con cincuenta perros, todos huskies, que se unieron a la persecución.

32.4 The rabbit sped down the river, turned off into a small creek, up the frozen bed of which it held steadily.

El conejo bajó a toda velocidad por el río y se desvió hacia un pequeño arroyo, por cuyo lecho helado se mantuvo firme.

32.5 It ran lightly on the surface of the snow,

Corría ligero sobre la superficie de la nieve,

32.6 while the dogs ploughed through by main strength.

mientras los perros lo atravesaban con toda su fuerza.

32.7 Buck led the pack, sixty strong, around bend after bend, but he could not gain.

Buck lideraba la manada, sesenta fuertes, curva tras curva, pero no podía ganar.

32.8 He lay down low to the race, whining eagerly, his splendid body flashing forward, leap by leap, in the wan white moonlight.

Se agachó a la carrera, gimiendo ansiosamente, su espléndido cuerpo destellando hacia adelante, salto a salto, a la luz de la luna blanca y pálida.

32.9 And leap by leap, like some pale frost wraith, the snowshoe rabbit flashed on ahead.

Y salto a salto, como un pálido espectro de escarcha, el conejo de raquetas de nieve avanzaba.

All that stirring of old instincts which at stated periods drives men out from the sounding cities to forest and plain to kill things by chemically propelled leaden pellets, the blood lust, the joy to kill — all this was Buck's, only it was infinitely more intimate.

33.1

Toda esa agitación de viejos instintos que en determinados períodos lleva a los hombres de las ciudades sonoras al bosque y a la llanura para matar cosas con perdigones de plomo químicamente propulsados, la sed de sangre, la alegría de matar, todo eso era de Buck, sólo que era infinitamente más íntimo.

He was ranging at the head of the pack, running the wild thing down, the living meat, to kill with his own teeth and wash his muzzle to the eyes in warm blood.

33.2

Iba a la cabeza de la manada, persiguiendo a los animales salvajes, carne viva, para matarlos con sus propios dientes y bañar su hocico hasta los ojos en sangre caliente.

There is an ecstasy that marks the summit of life,

34.1

Hay un éxtasis que marca la cumbre de la vida,

and beyond which life cannot rise.

34.2

y más allá del cual la vida no puede elevarse.

And such is the paradox of living, this ecstasy comes when one is most alive, and it comes as a complete forgetfulness that one is alive.

34.3

Y tal es la paradoja de la vida, que este éxtasis llega cuando uno está más vivo, y llega como un completo olvido de que uno está vivo.

This ecstasy, this forgetfulness of living, comes to the artist, caught up and out of himself in a sheet of flame;

34.4

Este éxtasis, este olvido de la vida, llega al artista, atrapado y fuera de sí mismo en una sábana de llamas;

34.5 it comes to the soldier,

llega al soldado,

34.6 war-mad on a stricken field and refusing quarter;

enloquecido por la guerra en un campo azotado y
rechazando el cuartel;

34.7 and it came to Buck, leading the pack, sounding
the old wolf-cry, straining after the food that was
alive and that fled swiftly before him through the
moonlight.

y llegó a Buck, liderando la manada, haciendo sonar el viejo
grito del lobo, esforzándose por conseguir la comida que
estaba viva y que huía velozmente ante él a través de la luz
de la luna.

34.8 He was sounding the deeps of his nature, and of the
parts of his nature that were deeper than he, going
back into the womb of Time.

Estaba haciendo sonar las profundidades de su naturaleza,
y de las partes de su naturaleza que eran más profundas que
él, remontándose al vientre del Tiempo.

34.9 He was mastered by the sheer surging of life, the tidal
wave of being, the perfect joy of each separate muscle,
joint, and sinew in that it was everything that was
not death, that it was aglow and rampant, expressing
itself in movement, flying exultantly under the stars
and over the face of dead matter that did not move.

Estaba dominado por el puro surgir de la vida, el maremoto
del ser, la perfecta alegría de cada músculo, articulación
y tendón por separado, por ser todo lo que no era muerte,
por estar resplandeciente y rampante, expresándose en
movimiento, volando exultante bajo las estrellas y sobre la
faz de la materia muerta que no se movía.

But Spitz, cold and calculating even in his supreme moods, left the pack and cut across a narrow neck of land where the creek made a long bend around. 35.1

Pero Spitz, frío y calculador incluso en sus mejores momentos, dejó la manada y atravesó un estrecho cuello de tierra donde el arroyo hacía una larga curva.

Buck did not know of this, and as he rounded the bend, the frost wraith of a rabbit still flitting before him, he saw another and larger frost wraith leap from the overhanging bank into the immediate path of the rabbit. 35.2

Buck no lo sabía, y al doblar la curva, con el espectro de escarcha de un conejo revoloteando ante él, vio a otro espectro de escarcha más grande saltar desde la orilla saliente hacia el camino inmediato del conejo.

It was Spitz. 35.3

Era Spitz.

The rabbit could not turn, and as the white teeth broke its back in mid air it shrieked as loudly as a stricken man may shriek. 35.4

El conejo no pudo girarse, y cuando los dientes blancos le rompieron la espalda en el aire, chilló tan fuerte como puede chillar un hombre herido.

At sound of this, the cry of Life plunging down from Life's apex in the grip of Death, the full pack at Buck's heels raised a hell's chorus of delight. 35.5

Al oírlo, el grito de la vida que se precipitaba desde el vértice de la vida en las garras de la muerte, toda la jauría que pisaba los talones de Buck lanzó un coro infernal de júbilo.

Buck did not cry out. 36.1

Buck no gritó.

36.2 He did not check himself, but drove in upon Spitz, shoulder to shoulder, so hard that he missed the throat.

No se contuvo, sino que se abalanzó sobre Spitz, hombro con hombro, con tanta fuerza que no le dio en la garganta.

36.3 They rolled over and over in the powdery snow.

Rodaron una y otra vez sobre la nieve en polvo.

36.4 Spitz gained his feet almost as though he had not been overthrown,

Spitz se levantó casi como si no hubiera sido derribado,

36.5 slashing Buck down the shoulder and leaping clear.

golpeó a Buck en el hombro y saltó.

36.6 Twice his teeth clipped together, like the steel jaws of a trap, as he backed away for better footing, with lean and lifting lips that writhed and snarled.

Sus dientes chocaron dos veces, como las mandíbulas de acero de una trampa, mientras retrocedía en busca de un mejor equilibrio, con labios delgados y levantados que se retorcían y gruñían.

37.1 In a flash Buck knew it. The time had come.

En un instante Buck lo supo. Había llegado el momento.

37.2 It was to the death.

Era a muerte.

37.3 As they circled about, snarling, ears laid back, keenly watchful for the advantage, the scene came to Buck with a sense of familiarity.

Mientras giraban en círculos, gruñendo, con las orejas echadas hacia atrás, muy atentos a la ventaja, la escena le resultó a Buck familiar.

He seemed to remember it all, — the white woods, and earth, and moonlight, and the thrill of battle.

37.4

Parecía recordarlo todo: los bosques blancos, la tierra, la luz de la luna y la emoción de la batalla.

Over the whiteness and silence brooded a ghostly calm.

37.5

Sobre la blancura y el silencio se cernía una calma fantasmal.

There was not the faintest whisper of air — nothing moved, not a leaf quivered, the visible breaths of the dogs rising slowly and lingering in the frosty air.

37.6

No había ni el más leve susurro de aire, nada se movía, ni una hoja temblaba, las respiraciones visibles de los perros se elevaban lentamente y permanecían en el aire helado.

They had made short work of the snowshoe rabbit, these dogs that were ill-tamed wolves; and they were now drawn up in an expectant circle.

37.7

Aquellos perros, que eran lobos mal domados, habían dado buena cuenta del conejo, y ahora formaban un círculo expectante.

They, too, were silent, their eyes only gleaming and their breaths drifting slowly upward.

37.8

Ellos también estaban silenciosos, con los ojos brillantes y la respiración entrecortada.

To Buck it was nothing new or strange, this scene of old time.

37.9

Para Buck no era nada nuevo ni extraño esta escena de antaño.

It was as though it had always been,

37.10

Era como si siempre hubiera sido,

37.11 **the wonted way of things.**
la forma acostumbrada de las cosas.

38.1 **Spitz was a practised fighter.**
Spitz era un luchador experimentado.

38.2 **From Spitzbergen through the Arctic, and across Canada and the Barrens, he had held his own with all manner of dogs and achieved to mastery over them.**
Desde Spitzbergen hasta el Ártico, pasando por Canadá y los Barrens, se había enfrentado a todo tipo de perros y había llegado a dominarlos.

38.3 **Bitter rage was his, but never blind rage.**
Su furia era amarga, pero nunca ciega.

38.4 **In passion to rend and destroy,**
En su pasión por desgarrar y destruir,

38.5 **he never forgot that his enemy was in like passion to rend and destroy.**
nunca olvidaba que su enemigo tenía la misma pasión por desgarrar y destruir.

38.6 **He never rushed till he was prepared to receive a rush;**
Nunca corría hasta estar preparado para recibir una embestida;

38.7 **never attacked till he had first defended that attack.**
nunca atacaba hasta haber defendido primero ese ataque.

39.1 **In vain Buck strove to sink his teeth in the neck of the big white dog.**
En vano Buck intentó clavar sus dientes en el cuello del gran perro blanco.

Wherever his fangs struck for the softer flesh, 39.2

Dondequiera que sus colmillos golpeaban la carne más
blanda,

they were countered by the fangs of Spitz. 39.3

eran contrarrestados por los colmillos de Spitz.

Fang clashed fang, and lips were cut and bleeding, 39.4
but Buck could not penetrate his enemy's guard.

Los colmillos chocaban, los labios se cortaban y sangraban,
pero Buck no podía penetrar la guardia de su enemigo.

Then he warmed up and enveloped Spitz in a 39.5
whirlwind of rushes.

Entonces entró en calor y envolvió a Spitz en un torbellino
de acometidas.

Time and time again he tried for the snow-white 39.6
throat, where life bubbled near to the surface, and
each time and every time Spitz slashed him and got
away.

Una y otra vez intentó alcanzar la garganta blanca como
la nieve, donde la vida burbujeaba cerca de la superficie, y
todas y cada una de las veces Spitz le acuchilló y escapó.

Then Buck took to rushing, as though for the throat, 39.7
when, suddenly drawing back his head and curving
in from the side, he would drive his shoulder at the
shoulder of Spitz, as a ram by which to overthrow
him.

Entonces Buck se precipitó, como si fuera a por la garganta,
cuando, echando repentinamente la cabeza hacia atrás y
curvándose de lado, clavaba su hombro en el hombro de
Spitz, como un ariete con el que derribarle.

But instead, 39.8

Pero en lugar de eso,

39.9 **Buck's shoulder was slashed down each time as Spitz leaped lightly away.**

el hombro de Buck era golpeado cada vez que Spitz se alejaba de un salto.

40.1 **Spitz was untouched,**

Spitz estaba intacto,

40.2 **while Buck was streaming with blood and panting hard.**

mientras que Buck chorreaba sangre y jadeaba con fuerza.

40.3 **The fight was growing desperate.**

La lucha era cada vez más desesperada.

40.4 **And all the while the silent and wolfish circle waited to finish off whichever dog went down.**

Y todo el tiempo el círculo silencioso y lobuno esperaba para acabar con el perro que cayera.

40.5 **As Buck grew winded, Spitz took to rushing, and he kept him staggering for footing.**

A medida que Buck se iba quedando sin aliento, Spitz se lanzaba a la carrera, y lo mantenía tambaleándose a pie.

40.6 **Once Buck went over,**

Una vez Buck cayó,

40.7 **and the whole circle of sixty dogs started up;**

y todo el círculo de sesenta perros se puso en marcha;

40.8 **but he recovered himself, almost in mid air, and the circle sank down again and waited.**

pero se recuperó, casi en el aire, y el círculo se hundió de nuevo y esperó.

But Buck possessed a quality that made for greatness — imagination.   41.1

Pero Buck poseía una cualidad que le hacía grande: la imaginación.

He fought by instinct, but he could fight by head as well.   41.2

Luchaba por instinto, pero también podía hacerlo con la cabeza.

He rushed, as though attempting the old shoulder trick, but at the last instant swept low to the snow and in.   41.3

Se abalanzó, como si intentara el viejo truco del hombro, pero en el último instante se arrastró hacia la nieve y entró.

His teeth closed on Spitz's left fore leg.   41.4

Sus dientes se cerraron sobre la pata delantera izquierda de Spitz.

There was a crunch of breaking bone,   41.5

Hubo un crujido de huesos rotos,

and the white dog faced him on three legs.   41.6

y el perro blanco se enfrentó a él a tres patas.

Thrice he tried to knock him over,   41.7

Intentó derribarlo tres veces,

then repeated the trick and broke the right fore leg.   41.8

luego repitió el truco y le rompió la pata delantera derecha.

Despite the pain and helplessness,   41.9

A pesar del dolor y la impotencia,

Spitz struggled madly to keep up.   41.10

Spitz luchó locamente por seguirle el ritmo.

41.11 He saw the silent circle, with gleaming eyes, lolling tongues, and silvery breaths drifting upward, closing in upon him as he had seen similar circles close in upon beaten antagonists in the past.

Vio el círculo silencioso, con los ojos brillantes, las lenguas movedizas y la respiración plateada, acercándose a él como había visto círculos similares acercarse a antagonistas derrotados en el pasado.

41.12 Only this time he was the one who was beaten.

Sólo que esta vez el vencido era él.

42.1 There was no hope for him. Buck was inexorable.

No había esperanza para él. Buck era inexorable.

42.2 Mercy was a thing reserved for gentler climes.

La piedad era algo reservado para climas más suaves.

42.3 He manœuvred for the final rush.

Maniobró para la arremetida final.

42.4 The circle had tightened till he could feel the breaths of the huskies on his flanks.

El círculo se había estrechado hasta que pudo sentir la respiración de los huskies en sus flancos.

42.5 He could see them, beyond Spitz and to either side, half crouching for the spring, their eyes fixed upon him.

Podía verlos, más allá de Spitz y a ambos lados, medio agazapados para el salto, con los ojos fijos en él.

42.6 A pause seemed to fall.

Se hizo una pausa.

Every animal was motionless as though turned to stone. 42.7

Todos los animales estaban inmóviles como si se hubieran convertido en piedra.

Only Spitz quivered and bristled as he staggered back and forth, snarling with horrible menace, as though to frighten off impending death. 42.8

Sólo Spitz temblaba y se erizaba mientras se tambaleaba de un lado a otro, gruñendo con horrible amenaza, como si quisiera espantar una muerte inminente.

Then Buck sprang in and out; 42.9

Entonces Buck saltó dentro y fuera;

but while he was in, 42.10

pero mientras estaba dentro,

shoulder had at last squarely met shoulder. 42.11

el hombro por fin se había encontrado de lleno con el hombro.

The dark circle became a dot on the moon-flooded snow as Spitz disappeared from view. 42.12

El círculo oscuro se convirtió en un punto sobre la nieve inundada de luna cuando Spitz desapareció de la vista.

Buck stood and looked on, the successful champion, the dominant primordial beast who had made his kill and found it good. 42.13

Buck se quedó mirando, el campeón triunfador, la bestia primordial dominante que había hecho su presa y la había encontrado buena.

Chapter IV. Who Has Won to Mastership

Capítulo IV. Quién ha ganado la maestría

1.1 "Eh? Wot I say?
"¿Eh? ¿Qué digo?

1.2 I spik true w'en I say dat Buck two devils."
Digo la verdad cuando digo que Buck es un demonio."

1.3 This was François's speech next morning when he discovered Spitz missing and Buck covered with wounds.
Este fue el discurso de François a la mañana siguiente, cuando descubrió que Spitz había desaparecido y Buck estaba cubierto de heridas.

1.4 He drew him to the fire and by its light pointed them out.
Lo acercó al fuego y a su luz se las señaló.

2.1 "Dat Spitz fight lak hell," said Perrault,
"Dat Spitz fight lak hell," dijo Perrault,

as he surveyed the gaping rips and cuts. 2.2

mientras observaba los desgarros y cortes.

"An' dat Buck fight lak two hells," was François's answer. 3.1

"Y Buck luchó como dos demonios," fue la respuesta de François.

"An' now we make good time. 3.2

"Y ahora vamos bien de tiempo.

No more Spitz, no more trouble, sure." 3.3

No más Spitz, no más problemas, seguro."

While Perrault packed the camp outfit and loaded the sled, 4.1

Mientras Perrault empaquetaba el equipo de campamento y cargaba el trineo,

the dog-driver proceeded to harness the dogs. 4.2

el conductor procedió a enjaezar a los perros.

Buck trotted up to the place Spitz would have occupied as leader; 4.3

Buck trotó hasta el lugar que Spitz habría ocupado como líder;

but François, not noticing him, brought Sol-leks to the coveted position. 4.4

pero François, sin darse cuenta, llevó a Sol-leks a la codiciada posición.

In his judgment, Sol-leks was the best lead-dog left. 4.5

A su juicio, Sol-leks era el mejor perro guía que quedaba.

4.6 **Buck sprang upon Sol-leks in a fury,**
Buck saltó sobre Sol-leks con furia,

4.7 **driving him back and standing in his place.**
haciéndole retroceder y colocándose en su lugar.

5.1 **"Eh? eh?" François cried, slapping his thighs gleefully.**
"¿Eh? ¿eh?" gritó François, golpeándose los muslos alegremente.

5.2 **"Look at dat Buck. Heem keel dat Spitz,**
"Mira a ese Buck. Le ha quitado la quilla a ese Spitz,

5.3 **heem t'ink to take de job."**
y ha aceptado el trabajo."

6.1 **"Go 'way, Chook!" he cried, but Buck refused to budge.**
"¡Vete, Chook!" gritó, pero Buck se negó a ceder.

7.1 **He took Buck by the scruff of the neck, and though the dog growled threateningly, dragged him to one side and replaced Sol-leks.**
Cogió a Buck por el cuello y, aunque el perro gruñó amenazadoramente, lo arrastró hacia un lado y volvió a colocar a Sol-leks.

7.2 **The old dog did not like it,**
Al viejo perro no le gustó,

7.3 **and showed plainly that he was afraid of Buck.**
y demostró claramente que tenía miedo de Buck.

François was obdurate, but when he turned his back Buck again displaced Sol-leks, who was not at all unwilling to go.

7.4

François se mostró obstinado, pero cuando le dio la espalda, Buck volvió a desplazar a Sol-leks, que no se mostró en absoluto reacio a irse.

François was angry. "Now, by Gar, I feex you!" he cried,

8.1

François estaba furioso. "¡Ahora, por Gar, te fejo!" gritó,

coming back with a heavy club in his hand.

8.2

volviendo con un pesado garrote en la mano.

Buck remembered the man in the red sweater, and retreated slowly;

9.1

Buck se acordó del hombre del jersey rojo y retrocedió lentamente;

nor did he attempt to charge in when Sol-leks was once more brought forward.

9.2

tampoco intentó cargar cuando Sol-leks se adelantó de nuevo.

But he circled just beyond the range of the club,

9.3

Pero dio una vuelta más allá del alcance del garrote,

snarling with bitterness and rage;

9.4

gruñendo con amargura y rabia;

and while he circled he watched the club so as to dodge it if thrown by François,

9.5

y mientras daba vueltas vigilaba el garrote para esquivarlo si lo lanzaba François,

for he was become wise in the way of clubs.

9.6

pues se había vuelto sabio en el manejo de los garrotes.

9.7 The driver went about his work,

El conductor siguió con su trabajo,

9.8 and he called to Buck when he was ready to put him in his old place in front of Dave.

y llamó a Buck cuando estuvo listo para colocarlo en su antiguo lugar frente a Dave.

9.9 Buck retreated two or three steps.

Buck retrocedió dos o tres pasos.

9.10 François followed him up, whereupon he again retreated.

François le siguió y Buck retrocedió de nuevo.

9.11 After some time of this, François threw down the club, thinking that Buck feared a thrashing.

Al cabo de un rato, François tiró el garrote, pensando que Buck temía una paliza.

9.12 But Buck was in open revolt.

Pero Buck estaba en franca rebelión.

9.13 He wanted, not to escape a clubbing, but to have the leadership.

No quería escapar de la paliza, sino tener el liderazgo.

9.14 It was his by right. He had earned it,

Era suyo por derecho. Se lo había ganado,

9.15 and he would not be content with less.

y no se contentaría con menos.

10.1 Perrault took a hand.

Perrault le echó una mano.

Between them they ran him about for the better part of an hour. 10.2

Entre los dos lo acosaron durante casi una hora.

They threw clubs at him. He dodged. 10.3

Le lanzaron porras. Él esquivó.

They cursed him, and his fathers and mothers before him, and all his seed to come after him down to the remotest generation, and every hair on his body and drop of blood in his veins; 10.4

Lo maldijeron a él, y a sus padres y madres antes que a él, y a toda su descendencia que vendría después de él hasta la generación más remota, y a cada pelo de su cuerpo y gota de sangre de sus venas;

and he answered curse with snarl and kept out of their reach. 10.5

y él respondió a la maldición con un gruñido y se mantuvo fuera de su alcance.

He did not try to run away, but retreated around and around the camp, advertising plainly that when his desire was met, he would come in and be good. 10.6

No trató de huir, sino que se retiró alrededor y alrededor del campamento, anunciando claramente que cuando su deseo fuera satisfecho, entraría y sería bueno.

François sat down and scratched his head. 11.1

François se sienta y se rasca la cabeza.

Perrault looked at his watch and swore. Time was flying, 11.2

Perrault miró su reloj y maldijo. El tiempo pasaba volando,

and they should have been on the trail an hour gone. 11.3

y hacía una hora que deberían estar en el sendero.

11.4 **François scratched his head again.**
François volvió a rascarse la cabeza.

11.5 **He shook it and grinned sheepishly at the courier,**
La sacudió y sonrió tímidamente al mensajero,

11.6 **who shrugged his shoulders in sign that they were beaten.**
que se encogió de hombros en señal de que estaban vencidos.

11.7 **Then François went up to where Sol-leks stood and called to Buck.**
Luego François se acercó a donde estaba Sol-leks y llamó a Buck.

11.8 **Buck laughed, as dogs laugh, yet kept his distance.**
Buck se rió, como se ríen los perros, pero mantuvo las distancias.

11.9 **François unfastened Sol-leks's traces and put him back in his old place.**
François soltó las riendas de Sol-leks y lo colocó en su sitio.

11.10 **The team stood harnessed to the sled in an unbroken line,**
El equipo estaba enganchado al trineo en una línea ininterrumpida,

11.11 **ready for the trail.**
listo para el camino.

11.12 **There was no place for Buck save at the front.**
No había sitio para Buck, salvo en la parte delantera.

11.13 **Once more François called,**
Una vez más François llamó,

and once more Buck laughed and kept away. 11.14

y una vez más Buck se rió y se mantuvo alejado.

"T'row down de club," Perrault commanded. 12.1

"Rema hacia abajo del club," ordenó Perrault.

François complied, whereupon Buck trotted in, 13.1
laughing triumphantly, and swung around into
position at the head of the team.

François cumplió, y Buck entró trotando, riendo
triunfalmente, y se colocó a la cabeza del equipo.

His traces were fastened, the sled broken out, and 13.2
with both men running they dashed out on to the
river trail.

Se abrochó las correas, desplegó el trineo y, con los dos
hombres corriendo, se lanzaron al sendero del río.

Highly as the dog-driver had forevalued Buck, with 14.1
his two devils, he found, while the day was yet young,
that he had undervalued.

El conductor de perros había valorado mucho a Buck, con
sus dos demonios, pero se dio cuenta, cuando el día aún era
joven, de que lo había infravalorado.

At a bound Buck took up the duties of leadership; and 14.2
where judgment was required, and quick thinking
and quick acting, he showed himself the superior
even of Spitz, of whom François had never seen an
equal.

Buck asumió de inmediato las funciones de líder, y allí
donde se requería juicio, rapidez de pensamiento y de
acción, se mostró superior incluso a Spitz, de quien
François nunca había visto un igual.

15.1 But it was in giving the law and making his mates live up to it, that Buck excelled.

Pero Buck destacaba a la hora de imponer la ley y hacer que sus compañeros la cumplieran.

15.2 Dave and Sol-leks did not mind the change in leadership.

A Dave y Sol-leks no les importó el cambio de liderazgo.

15.3 It was none of their business.

No era asunto suyo.

15.4 Their business was to toil, and toil mightily, in the traces.

Lo suyo era trabajar, y mucho, en los rastros.

15.5 So long as that were not interfered with,

Mientras eso no se viera interferido,

15.6 they did not care what happened.

no les importaba lo que ocurriera.

15.7 Billee, the good-natured, could lead for all they cared, so long as he kept order.

Billee, el bonachón, podía dirigir por lo que a ellos les importaba, siempre que mantuviera el orden.

15.8 The rest of the team, however, had grown unruly during the last days of Spitz, and their surprise was great now that Buck proceeded to lick them into shape.

El resto del equipo, sin embargo, se había vuelto revoltoso durante los últimos días de Spitz, y su sorpresa era grande ahora que Buck procedía a ponerlos en forma a lametazos.

Pike, who pulled at Buck's heels, and who never put an ounce more of his weight against the breast-band than he was compelled to do, was swiftly and repeatedly shaken for loafing;

16.1

Pike, que tiraba de los talones de Buck, y que nunca ponía un gramo más de su peso contra la banda del pecho de lo que se veía obligado a hacer, fue sacudido rápida y repetidamente por holgazanear;

and ere the first day was done he was pulling more than ever before in his life.

16.2

y antes de que terminara el primer día estaba tirando más que nunca en su vida.

The first night in camp, Joe, the sour one, was punished roundly — a thing that Spitz had never succeeded in doing.

16.3

La primera noche en el campamento, Joe, el amargado, fue castigado con dureza, algo que Spitz nunca había conseguido.

Buck simply smothered him by virtue of superior weight,

16.4

Buck simplemente lo asfixió en virtud de su mayor peso,

and cut him up till he ceased snapping and began to whine for mercy.

16.5

y lo cortó hasta que dejó de chasquear y comenzó a gemir pidiendo clemencia.

The general tone of the team picked up immediately.

17.1

El tono general del equipo mejoró de inmediato.

It recovered its old-time solidarity,

17.2

Recuperó su solidaridad de antaño,

17.3 and once more the dogs leaped as one dog in the traces.

y una vez más los perros saltaron como uno solo en los rastros.

17.4 At the Rink Rapids two native huskies, Teek and Koona, were added; and the celerity with which Buck broke them in took away François's breath.

En Rink Rapids se añadieron dos huskies autóctonos, Teek y Koona, y la celeridad con que Buck los incorporó dejó sin aliento a François.

18.1 "Nevaire such a dog as dat Buck!" he cried. "No, nevaire!

"¡Nunca un perro como Buck!" gritó. "¡No, nunca!

18.2 Heem worth one t'ousan' dollair, by Gar! Eh? Wot you say,

¡Vale un t'ousan' dollair, por Gar! ¿Eh? ¿Qué dices,

18.3 Perrault?"

Perrault?"

19.1 And Perrault nodded. He was ahead of the record then,

Y Perrault asintió. Estaba por delante del récord,

19.2 and gaining day by day.

y ganaba terreno día a día.

19.3 The trail was in excellent condition, well packed and hard, and there was no new-fallen snow with which to contend.

El sendero estaba en excelentes condiciones, bien compactado y duro, y no había nieve recién caída con la que luchar.

It was not too cold. 19.4

No hacía demasiado frío.

The temperature dropped to fifty below zero and 19.5
remained there the whole trip.

La temperatura bajó hasta los cincuenta grados bajo cero y
se mantuvo así durante todo el viaje.

The men rode and ran by turn, and the dogs were kept 19.6
on the jump, with but infrequent stoppages.

Los hombres cabalgaron y corrieron por turnos, y los
perros se mantuvieron en el salto, con pocas paradas.

The Thirty Mile River was comparatively coated with 20.1
ice,

El río Thirty Mile estaba relativamente cubierto de hielo,

and they covered in one day going out what had taken 20.2
them ten days coming in.

y cubrieron en un día de ida lo que les había llevado diez
días de vuelta.

In one run they made a sixty-mile dash from the foot 20.3
of Lake Le Barge to the White Horse Rapids.

En una sola carrera recorrieron sesenta millas desde el pie
del lago Le Barge hasta los rápidos de White Horse.

Across Marsh, Tagish, and Bennett (seventy miles of 20.4
lakes), they flew so fast that the man whose turn it
was to run towed behind the sled at the end of a rope.

A través de Marsh, Tagish y Bennett (setenta millas de
lagos), volaron tan rápido que el hombre al que le tocaba
correr iba remolcado detrás del trineo al extremo de una
cuerda.

20.5 And on the last night of the second week they topped White Pass and dropped down the sea slope with the lights of Skaguay and of the shipping at their feet.

Y en la última noche de la segunda semana coronaron White Pass y descendieron por la ladera del mar con las luces de Skaguay y de la navegación a sus pies.

21.1 It was a record run.

Era una carrera récord.

21.2 Each day for fourteen days they had averaged forty miles.

Durante catorce días habían recorrido una media de sesenta kilómetros diarios.

21.3 For three days Perrault and François threw chests up and down the main street of Skaguay and were deluged with invitations to drink,

Durante tres días Perrault y François lanzaron cofres por la calle principal de Skaguay y fueron inundados con invitaciones a beber,

21.4 while the team was the constant centre of a worshipful crowd of dog-busters and mushers.

mientras el equipo era el centro constante de una multitud adoradora de cazadores de perros y mushers.

21.5 Then three or four western bad men aspired to clean out the town, were riddled like pepper-boxes for their pains, and public interest turned to other idols.

Luego, tres o cuatro hombres malos del oeste aspiraron a limpiar la ciudad, fueron acribillados como pimenteros por sus penas, y el interés público se volvió hacia otros ídolos.

21.6 Next came official orders.

A continuación llegaron las órdenes oficiales.

François called Buck to him, threw his arms around him, wept over him.   21.7

François llamó a Buck, lo abrazó y lloró por él.

And that was the last of François and Perrault. Like other men,   21.8

Y eso fue lo último de François y Perrault. Como otros hombres,

they passed out of Buck's life for good.   21.9

salieron de la vida de Buck para siempre.

A Scotch half-breed took charge of him and his mates,   22.1

Un mestizo escocés se hizo cargo de él y de sus compañeros,

and in company with a dozen other dog-teams he started back over the weary trail to Dawson.   22.2

y en compañía de una docena de otros equipos de perros emprendió el cansado camino de vuelta a Dawson.

It was no light running now, nor record time, but heavy toil each day, with a heavy load behind; for this was the mail train, carrying word from the world to the men who sought gold under the shadow of the Pole.   22.3

No se trataba ahora de una carrera ligera, ni de un tiempo récord, sino de un duro trabajo diario, con una pesada carga a sus espaldas, pues se trataba del tren correo, que llevaba noticias del mundo a los hombres que buscaban oro a la sombra del Polo.

23.1 **Buck did not like it, but he bore up well to the work, taking pride in it after the manner of Dave and Sol-leks, and seeing that his mates, whether they prided in it or not, did their fair share.**

A Buck no le gustaba, pero soportaba bien el trabajo, enorgulleciéndose de él a la manera de Dave y Sol-leks, y viendo que sus compañeros, se enorgullecieran o no, hacían su parte justa.

23.2 **It was a monotonous life,**

Era una vida monótona,

23.3 **operating with machine-like regularity.**

que funcionaba con regularidad maquinal.

23.4 **One day was very like another.**

Un día era muy parecido a otro.

23.5 **At a certain time each morning the cooks turned out, fires were built, and breakfast was eaten.**

Cada mañana, a una hora determinada, los cocineros salían, encendían el fuego y desayunaban.

23.6 **Then, while some broke camp, others harnessed the dogs, and they were under way an hour or so before the darkness fell which gave warning of dawn.**

Luego, mientras unos levantaban el campamento, otros enjaezaban a los perros, y se ponían en marcha una hora más o menos antes de que cayera la oscuridad que avisaba del amanecer.

23.7 **At night, camp was made.**

Por la noche, se levantó el campamento.

Some pitched the flies, others cut firewood and pine boughs for the beds, and still others carried water or ice for the cooks. 23.8

Unos lanzaban las moscas, otros cortaban leña y ramas de pino para las camas, y otros llevaban agua o hielo para los cocineros.

Also, the dogs were fed. 23.9

También se alimentaba a los perros.

To them, this was the one feature of the day, though it was good to loaf around, after the fish was eaten, for an hour or so with the other dogs, of which there were fivescore and odd. 23.10

Para ellos, ésta era la única característica del día, aunque era bueno holgazanear, después de comer el pescado, durante una hora más o menos con los otros perros, que eran unos cincuenta.

There were fierce fighters among them, but three battles with the fiercest brought Buck to mastery, so that when he bristled and showed his teeth they got out of his way. 23.11

Había fieros luchadores entre ellos, pero tres batallas con el más feroz llevaron a Buck a la maestría, de modo que cuando se erizaba y enseñaba los dientes se apartaban de su camino.

Best of all, perhaps, he loved to lie near the fire, hind legs crouched under him, fore legs stretched out in front, head raised, and eyes blinking dreamily at the flames. 24.1

Lo mejor de todo, quizás, era que le encantaba tumbarse cerca del fuego, con las patas traseras agachadas debajo de él, las delanteras estiradas hacia delante, la cabeza levantada y los ojos parpadeando soñadoramente ante las llamas.

24.2 Sometimes he thought of Judge Miller's big house in the sun-kissed Santa Clara Valley, and of the cement swimming-tank, and Ysabel, the Mexican hairless, and Toots, the Japanese pug;

A veces pensaba en la gran casa del juez Miller en el soleado valle de Santa Clara, y en el tanque de cemento para nadar, y en Ysabel, la mexicana sin pelo, y en Toots, el carlino japonés;

24.3 but oftener he remembered the man in the red sweater, the death of Curly, the great fight with Spitz, and the good things he had eaten or would like to eat.

pero más a menudo recordaba al hombre del jersey rojo, la muerte de Curly, la gran pelea con Spitz, y las cosas buenas que había comido o que le gustaría comer.

24.4 He was not homesick.

No sentía nostalgia.

24.5 The Sunland was very dim and distant,

La Tierra del Sol era muy tenue y distante,

24.6 and such memories had no power over him.

y esos recuerdos no tenían poder sobre él.

24.7 Far more potent were the memories of his heredity that gave things he had never seen before a seeming familiarity;

Mucho más potentes eran los recuerdos de su herencia, que daban a las cosas que nunca había visto antes una aparente familiaridad;

the instincts (which were but the memories of his ancestors become habits) which had lapsed in later days, and still later, in him, quickened and become alive again.

24.8

los instintos (que no eran sino los recuerdos de sus antepasados convertidos en hábitos) que habían decaído en días posteriores, y aún más tarde, en él, se avivaron y cobraron vida de nuevo.

Sometimes as he crouched there, blinking dreamily at the flames, it seemed that the flames were of another fire, and that as he crouched by this other fire he saw another and different man from the half-breed cook before him.

25.1

A veces, mientras estaba allí agazapado, parpadeando soñadoramente ante las llamas, le parecía que las llamas eran de otro fuego, y que mientras estaba agazapado junto a este otro fuego veía a otro hombre distinto del cocinero mestizo que tenía delante.

This other man was shorter of leg and longer of arm,

25.2

Este otro hombre era más bajo de piernas y más largo de brazos,

with muscles that were stringy and knotty rather than rounded and swelling.

25.3

con músculos fibrosos y nudosos en lugar de redondeados e hinchados.

The hair of this man was long and matted,

25.4

El pelo de este hombre era largo y enmarañado,

and his head slanted back under it from the eyes.

25.5

y su cabeza se inclinaba hacia atrás por debajo de los ojos.

25.6 He uttered strange sounds, and seemed very much afraid of the darkness, into which he peered continually, clutching in his hand, which hung midway between knee and foot, a stick with a heavy stone made fast to the end.

Pronunciaba sonidos extraños y parecía tener mucho miedo de la oscuridad, en la que miraba continuamente, agarrando con la mano, que le colgaba a medio camino entre la rodilla y el pie, un palo con una pesada piedra sujeta al extremo.

25.7 He was all but naked, a ragged and fire-scorched skin hanging part way down his back, but on his body there was much hair.

Estaba casi desnudo, con una piel raída y quemada por el fuego que le colgaba hasta parte de la espalda, pero tenía mucho pelo.

25.8 In some places, across the chest and shoulders and down the outside of the arms and thighs, it was matted into almost a thick fur.

En algunos lugares, a lo largo del pecho y los hombros y en la parte exterior de los brazos y los muslos, estaba enmarañado hasta convertirse en una piel casi espesa.

25.9 He did not stand erect, but with trunk inclined forward from the hips, on legs that bent at the knees.

No se mantenía erguido, sino con el tronco inclinado hacia delante desde las caderas, sobre unas piernas que se doblaban por las rodillas.

About his body there was a peculiar springiness, or resiliency, almost catlike, and a quick alertness as of one who lived in perpetual fear of things seen and unseen. 25.10

En su cuerpo había una peculiar elasticidad, o resistencia, casi felina, y un rápido estado de alerta, como el de alguien que vive en perpetuo temor de lo que ve y de lo que no ve.

At other times this hairy man squatted by the fire with head between his legs and slept. 26.1

Otras veces este hombre peludo se acuclillaba junto al fuego con la cabeza entre las piernas y dormía.

On such occasions his elbows were on his knees, 26.2

En tales ocasiones tenía los codos apoyados en las rodillas y las manos entrelazadas por encima de la cabeza,

his hands clasped above his head as though to shed rain by the hairy arms. 26.3

como si quisiera derramar la lluvia por los brazos peludos.

And beyond that fire, in the circling darkness, Buck could see many gleaming coals, two by two, always two by two, which he knew to be the eyes of great beasts of prey. 26.4

Y más allá de aquel fuego, en la oscuridad circundante, Buck podía ver muchos carbones brillantes, de dos en dos, siempre de dos en dos, que él sabía que eran los ojos de grandes bestias de presa.

And he could hear the crashing of their bodies through the undergrowth, 26.5

Y podía oír el choque de sus cuerpos a través de la maleza,

and the noises they made in the night. 26.6

y los ruidos que hacían en la noche.

26.7 And dreaming there by the Yukon bank, with lazy eyes blinking at the fire, these sounds and sights of another world would make the hair to rise along his back and stand on end across his shoulders and up his neck, till he whimpered low and suppressedly, or growled softly, and the half-breed cook shouted at him,

Y soñando allí en la orilla del Yukón, con los ojos perezosos parpadeando ante el fuego, estos sonidos y vistas de otro mundo hacían que el vello se le erizara a lo largo de la espalda y se le erizara por los hombros y el cuello, hasta que gemía por lo bajo y reprimido, o gruñía suavemente, y el cocinero mestizo le gritaba,

26.8 "Hey, you Buck, wake up!"

"¡Eh, Buck, despierta!"

26.9 Whereupon the other world would vanish and the real world come into his eyes,

Con lo cual el otro mundo se desvanecía y el mundo real entraba en sus ojos,

26.10 and he would get up and yawn and stretch as though he had been asleep.

y se levantaba y bostezaba y se estiraba como si hubiera estado dormido.

27.1 It was a hard trip, with the mail behind them, and the heavy work wore them down.

Fue un viaje duro, con el correo detrás de ellos, y el trabajo pesado los agotó.

27.2 They were short of weight and in poor condition when they made Dawson,

Tenían poco peso y estaban en malas condiciones cuando llegaron a Dawson,

and should have had a ten days' or a week's rest at least. 27.3

y deberían haber descansado al menos diez días o una semana.

But in two days' time they dropped down the Yukon bank from the Barracks, 27.4

Pero en dos días bajaron por la orilla del Yukón desde el cuartel,

loaded with letters for the outside. 27.5

cargados de cartas para el exterior.

The dogs were tired, the drivers grumbling, and to make matters worse, it snowed every day. 27.6

Los perros estaban cansados, los conductores refunfuñaban y, para colmo, nevaba todos los días.

This meant a soft trail, greater friction on the runners, and heavier pulling for the dogs; 27.7

Esto significaba un camino blando, una mayor fricción en los corredores y un tirón más pesado para los perros;

yet the drivers were fair through it all, and did their best for the animals. 27.8

sin embargo, los conductores fueron justos con todo, e hicieron todo lo posible por los animales.

Each night the dogs were attended to first. 28.1

Cada noche se atendía primero a los perros.

They ate before the drivers ate, 28.2

Comían antes que los conductores,

28.3 and no man sought his sleeping-robe till he had seen to the feet of the dogs he drove.

y nadie se ponía la bata de dormir hasta que no había visto los pies de los perros que conducía.

28.4 Still, their strength went down.

Sin embargo, sus fuerzas disminuían.

28.5 Since the beginning of the winter they had travelled eighteen hundred miles,

Desde el comienzo del invierno habían viajado mil ochocientas millas,

28.6 dragging sleds the whole weary distance;

arrastrando los trineos durante toda la fatigosa distancia;

28.7 and eighteen hundred miles will tell upon life of the toughest.

y mil ochocientas millas pueden acabar con la vida de los más duros.

28.8 Buck stood it, keeping his mates up to their work and maintaining discipline, though he, too, was very tired.

Buck aguantó, manteniendo a sus compañeros en su trabajo y manteniendo la disciplina, aunque él también estaba muy cansado.

28.9 Billee cried and whimpered regularly in his sleep each night.

Billee lloraba y gimoteaba cada noche mientras dormía.

28.10 Joe was sourer than ever, and Sol-leks was unapproachable, blind side or other side.

Joe estaba más agrio que nunca, y Sol-leks era inaccesible, por el lado ciego o por el otro.

But it was Dave who suffered most of all. 29.1

Pero fue Dave quien más sufrió.

Something had gone wrong with him. 29.2

Algo le había ido mal.

He became more morose and irritable, and when 29.3
camp was pitched at once made his nest, where his
driver fed him.

Se volvió más malhumorado e irritable, y cuando se montó
el campamento enseguida hizo su nido, donde su conductor
le dio de comer.

Once out of the harness and down, 29.4

Una vez fuera del arnés y en el suelo,

he did not get on his feet again till harness-up time in 29.5
the morning.

no volvió a ponerse en pie hasta la hora del arnés por la
mañana.

Sometimes, in the traces, when jerked by a sudden 29.6
stoppage of the sled, or by straining to start it, he
would cry out with pain.

A veces, cuando el trineo se paraba de repente o se
esforzaba por arrancarlo, gritaba de dolor.

The driver examined him, but could find nothing. 29.7

El conductor lo examinaba, pero no encontraba nada.

All the drivers became interested in his case. 29.8

Todos los conductores se interesaron por su caso.

29.9 They talked it over at meal-time, and over their last pipes before going to bed, and one night they held a consultation.

Hablaban de ello durante las comidas y con las últimas pipas antes de acostarse, y una noche celebraron una consulta.

29.10 He was brought from his nest to the fire and was pressed and prodded till he cried out many times.

Lo trajeron de su nido al fuego y lo presionaron y pincharon hasta que gritó muchas veces.

29.11 Something was wrong inside, but they could locate no broken bones, could not make it out.

Algo iba mal en su interior, pero no pudieron localizar ningún hueso roto, no pudieron distinguirlo.

30.1 By the time Cassiar Bar was reached,

Al llegar a Cassiar Bar,

30.2 he was so weak that he was falling repeatedly in the traces.

estaba tan débil que se caía repetidamente en los rastros.

30.3 The Scotch half-breed called a halt and took him out of the team, making the next dog, Sol-leks, fast to the sled.

El mestizo escocés dio la voz de alto y lo sacó del equipo, haciendo que el siguiente perro, Sol-leks, se aferrara al trineo.

30.4 His intention was to rest Dave,

Su intención era hacer descansar a Dave,

30.5 letting him run free behind the sled.

dejándole correr libre detrás del trineo.

Sick as he was, Dave resented being taken out, 30.6
grunting and growling while the traces were
unfastened, and whimpering broken-heartedly when
he saw Sol-leks in the position he had held and served
so long.

Enfermo como estaba, Dave se resintió de que lo sacaran,
gruñendo y gruñendo mientras le soltaban los rastros, y
gimoteando con el corazón roto cuando vio a Sol-leks en
la posición que había ocupado y servido durante tanto
tiempo.

For the pride of trace and trail was his, and, sick unto 30.7
death, he could not bear that another dog should do
his work.

Porque el orgullo del rastro era suyo y, enfermo de muerte,
no podía soportar que otro perro hiciera su trabajo.

When the sled started, he floundered in the soft snow 31.1
alongside the beaten trail, attacking Sol-leks with
his teeth, rushing against him and trying to thrust
him off into the soft snow on the other side, striving
to leap inside his traces and get between him and
the sled, and all the while whining and yelping and
crying with grief and pain.

Cuando el trineo arrancó, se arrastró por la nieve blanda
a lo largo del sendero, atacando a Sol-leks con los dientes,
precipitándose contra él y tratando de empujarlo hacia la
nieve blanda del otro lado, esforzándose por saltar dentro
de sus huellas y meterse entre él y el trineo, y todo el tiempo
gimiendo y aullando y llorando de pena y dolor.

The half-breed tried to drive him away with the whip; 31.2
but he paid no heed to the stinging lash,

El mestizo trató de ahuyentarlo con el látigo,

31.3 **and the man had not the heart to strike harder.**

pero no prestó atención a los latigazos y el hombre no tuvo valor para golpear con más fuerza.

31.4 **Dave refused to run quietly on the trail behind the sled, where the going was easy, but continued to flounder alongside in the soft snow, where the going was most difficult, till exhausted.**

Dave se negó a correr tranquilamente por el sendero detrás del trineo, donde la marcha era fácil, pero continuó arrastrándose por la nieve blanda, donde la marcha era más difícil, hasta quedar exhausto.

31.5 **Then he fell, and lay where he fell, howling lugubriously as the long train of sleds churned by.**

Entonces cayó y se quedó tendido, aullando lúgubremente mientras la larga caravana de trineos pasaba.

32.1 **With the last remnant of his strength he managed to stagger along behind till the train made another stop, when he floundered past the sleds to his own, where he stood alongside Sol-leks.**

Con las últimas fuerzas que le quedaban, consiguió avanzar tambaleándose hasta que el tren se detuvo de nuevo, y entonces pasó entre los trineos hasta llegar al suyo, donde se detuvo junto a Sol-leks.

32.2 **His driver lingered a moment to get a light for his pipe from the man behind.**

Su conductor se demoró un momento para que el hombre de atrás le encendiera la pipa.

32.3 **Then he returned and started his dogs.**

Luego regresó y puso en marcha a sus perros.

They swung out on the trail with remarkable lack of exertion, turned their heads uneasily, and stopped in surprise.

32.4

Salieron al sendero con notable falta de esfuerzo, volvieron la cabeza con inquietud y se detuvieron sorprendidos.

The driver was surprised, too;

32.5

El conductor también se sorprendió;

the sled had not moved.

32.6

el trineo no se había movido.

He called his comrades to witness the sight.

32.7

Llamó a sus compañeros para que presenciaran el espectáculo.

Dave had bitten through both of Sol-leks's traces,

32.8

Dave había mordido los dos rastros de Sol-leks y estaba de pie justo delante del trineo,

and was standing directly in front of the sled in his proper place.

32.9

en el lugar que le correspondía.

He pleaded with his eyes to remain there.

33.1

Rogó con los ojos que se quedara allí.

The driver was perplexed.

33.2

El conductor estaba perplejo.

33.3 His comrades talked of how a dog could break its heart through being denied the work that killed it, and recalled instances they had known, where dogs, too old for the toil, or injured, had died because they were cut out of the traces.

Sus compañeros hablaron de cómo un perro podía romperse el corazón si se le negaba el trabajo que lo mataba, y recordaron casos que habían conocido, en los que perros demasiado viejos para el trabajo, o heridos, habían muerto por haber sido apartados de los rastros.

33.4 Also, they held it a mercy, since Dave was to die anyway, that he should die in the traces, heart-easy and content.

Además, consideraron una misericordia, ya que Dave iba a morir de todos modos, que muriera en los rastros, tranquilo y contento.

33.5 So he was harnessed in again, and proudly he pulled as of old, though more than once he cried out involuntarily from the bite of his inward hurt.

Así que le engancharon de nuevo, y tiró con orgullo como antaño, aunque más de una vez gritó involuntariamente por la mordedura de su dolor interior.

33.6 Several times he fell down and was dragged in the traces, and once the sled ran upon him so that he limped thereafter in one of his hind legs.

Varias veces se cayó y fue arrastrado por los rastros, y una vez el trineo le pasó por encima, de modo que cojeó de una de sus patas traseras.

34.1 But he held out till camp was reached,
Pero resistió hasta llegar al campamento,

34.2 when his driver made a place for him by the fire.
cuando su chófer le preparó un sitio junto al fuego.

Morning found him too weak to travel. 34.3

Por la mañana estaba demasiado débil para viajar.

At harness-up time he tried to crawl to his driver. 34.4

A la hora de los arreos intentó arrastrarse hasta su conductor.

By convulsive efforts he got on his feet, staggered, and fell. 34.5

Con esfuerzos convulsivos se puso de pie, se tambaleó y cayó.

Then he wormed his way forward slowly toward where the harnesses were being put on his mates. 34.6

Luego se arrastró lentamente hacia donde estaban colocando los arneses a sus compañeros.

He would advance his fore legs and drag up his body with a sort of hitching movement, 34.7

Adelantaba las patas delanteras y arrastraba el cuerpo hacia arriba con una especie de movimiento de enganche,

when he would advance his fore legs and hitch ahead again for a few more inches. 34.8

cuando adelantaba las patas delanteras y volvía a engancharse unos centímetros más.

His strength left him, 34.9

Su fuerza lo abandonó,

and the last his mates saw of him he lay gasping in the snow and yearning toward them. 34.10

y la última vez que sus compañeros lo vieron yacía jadeante en la nieve y anhelante hacia ellos.

34.11 But they could hear him mournfully howling till they passed out of sight behind a belt of river timber.

Pero pudieron oírlo aullar lastimeramente hasta que se perdieron de vista detrás de un cinturón de madera del río.

35.1 Here the train was halted.

Aquí se detuvo el tren.

35.2 The Scotch half-breed slowly retraced his steps to the camp they had left.

El mestizo escocés volvió lentamente sobre sus pasos hasta el campamento que habían abandonado.

35.3 The men ceased talking. A revolver-shot rang out.

Los hombres dejaron de hablar. Sonó un disparo de revólver.

35.4 The man came back hurriedly.

El hombre regresó apresuradamente.

35.5 The whips snapped, the bells tinkled merrily, the sleds churned along the trail;

Los látigos chasqueaban, las campanas tintineaban alegremente, los trineos se agitaban a lo largo del sendero;

35.6 but Buck knew, and every dog knew, what had taken place behind the belt of river trees.

pero Buck sabía, y todos los perros sabían, lo que había ocurrido detrás del cinturón de árboles del río.

Chapter V. The Toil of Trace and Trail

Capítulo V. La Fatiga del Rastro y el Camino

1.1 Thirty days from the time it left Dawson, the Salt Water Mail, with Buck and his mates at the fore, arrived at Skaguay.

Treinta días después de zarpar de Dawson, el Salt Water Mail, con Buck y sus compañeros al frente, llegó a Skaguay.

1.2 They were in a wretched state, worn out and worn down.

Estaban en un estado miserable, agotados y exhaustos.

1.3 Buck's one hundred and forty pounds had dwindled to one hundred and fifteen.

Las ciento cuarenta libras de Buck se habían reducido a ciento quince.

1.4 The rest of his mates, though lighter dogs, had relatively lost more weight than he.

El resto de sus compañeros, aunque eran perros más ligeros, habían perdido relativamente más peso que él.

Pike, the malingerer, who, in his lifetime of deceit, had often successfully feigned a hurt leg, was now limping in earnest.

1.5

Pike, el malencarado, que en su vida de engaños había fingido a menudo con éxito una pierna herida, cojeaba ahora en serio.

Sol-leks was limping,

1.6

Sol-leks cojeaba,

and Dub was suffering from a wrenched shoulder-blade.

1.7

y Dub sufría de un tirón en el hombro.

They were all terribly footsore.

2.1

Todos estaban terriblemente doloridos.

No spring or rebound was left in them.

2.2

No les quedaba resorte ni rebote.

Their feet fell heavily on the trail,

2.3

Sus pies caían pesadamente sobre el sendero,

jarring their bodies and doubling the fatigue of a day's travel.

2.4

sacudiendo sus cuerpos y duplicando la fatiga de un día de viaje.

There was nothing the matter with them except that they were dead tired.

2.5

No les pasaba nada, excepto que estaban muertos de cansancio.

2.6   It was not the dead-tiredness that comes through brief and excessive effort, from which recovery is a matter of hours; but it was the dead-tiredness that comes through the slow and prolonged strength drainage of months of toil.

No era el cansancio muerto que se produce por un esfuerzo breve y excesivo, del que la recuperación es cuestión de horas, sino el cansancio muerto que se produce por el lento y prolongado drenaje de fuerzas de meses de trabajo.

2.7   There was no power of recuperation left,

No quedaba poder de recuperación,

2.8   no reserve strength to call upon.

ni fuerzas de reserva a las que recurrir.

2.9   It had been all used, the last least bit of it.

Se había utilizado toda, hasta la última pizca.

2.10   Every muscle, every fibre, every cell, was tired, dead tired.

Cada músculo, cada fibra, cada célula, estaba cansada, muerta de cansancio.

2.11   And there was reason for it.

Y había una razón para ello.

2.12   In less than five months they had travelled twenty-five hundred miles,

En menos de cinco meses habían recorrido dos mil quinientas millas,

2.13   during the last eighteen hundred of which they had had but five days' rest.

durante las últimas mil ochocientas de las cuales sólo habían descansado cinco días.

When they arrived at Skaguay they were apparently on their last legs. 2.14

Cuando llegaron a Skaguay parecían estar en las últimas.

They could barely keep the traces taut, and on the down grades just managed to keep out of the way of the sled. 2.15

Apenas podían mantener tensos los tirantes y en las bajadas apenas lograban mantenerse fuera del camino del trineo.

"Mush on, poor sore feets," 3.1

"Vamos, pobres pies doloridos,"

the driver encouraged them as they tottered down the main street of Skaguay. 3.2

les animó el conductor mientras avanzaban tambaleándose por la calle principal de Skaguay.

"Dis is de las'. Den we get one long res'. Eh? For sure. 3.3

"Esto es lo último. Den we get one long res'. ¿Eh? Seguro.

One bully long res'." 3.4

Una larga resaca."

The drivers confidently expected a long stopover. 4.1

Los conductores esperaban con confianza una larga parada.

Themselves, they had covered twelve hundred miles with two days' rest, and in the nature of reason and common justice they deserved an interval of loafing. 4.2

Ellos mismos habían recorrido mil doscientas millas con dos días de descanso, y en la naturaleza de la razón y la justicia común se merecían un intervalo de holgazanear.

4.3 But so many were the men who had rushed into the Klondike, and so many were the sweethearts, wives, and kin that had not rushed in, that the congested mail was taking on Alpine proportions;

Pero eran tantos los hombres que se habían precipitado al Klondike, y tantos los novios, esposas y parientes que no se habían precipitado, que el congestionado correo estaba adquiriendo proporciones alpinas;

4.4 also, there were official orders.

además, había órdenes oficiales.

4.5 Fresh batches of Hudson Bay dogs were to take the places of those worthless for the trail.

Nuevos lotes de perros de la Bahía de Hudson debían ocupar los lugares de los inútiles para el camino.

4.6 The worthless ones were to be got rid of, and, since dogs count for little against dollars, they were to be sold.

Había que deshacerse de los inútiles y, puesto que los perros valen poco frente a los dólares, había que venderlos.

5.1 Three days passed, by which time Buck and his mates found how really tired and weak they were.

Pasaron tres días y Buck y sus compañeros se dieron cuenta de lo cansados y débiles que estaban.

5.2 Then, on the morning of the fourth day, two men from the States came along and bought them, harness and all, for a song.

Entonces, en la mañana del cuarto día, dos hombres de los Estados Unidos llegaron y los compraron, con arneses y todo, por una canción.

The men addressed each other as "Hal" and
"Charles."

5.3

Los hombres se dirigían el uno al otro como "Hal" y
"Charles."

Charles was a middle-aged, lightish-colored man,
with weak and watery eyes and a mustache that
twisted fiercely and vigorously up, giving the lie to
the limply drooping lip it concealed.

5.4

Charles era un hombre de mediana edad, de color claro, con
ojos débiles y llorosos y un bigote que se retorcía feroz y
vigorosamente hacia arriba, dando el mentís al labio flojo y
caído que ocultaba.

Hal was a youngster of nineteen or twenty,

5.5

Hal era un joven de diecinueve o veinte años,

with a big Colt's revolver and a hunting-knife
strapped about him on a belt that fairly bristled with
cartridges.

5.6

con un gran revólver Colt y una navaja de caza atados a un
cinturón bastante erizado de cartuchos.

This belt was the most salient thing about him.

5.7

Este cinturón era lo más destacado de él.

It advertised his callowness — a callowness sheer and
unutterable.

5.8

Anunciaba su insensibilidad, una insensibilidad pura e
indecible.

Both men were manifestly out of place,

5.9

Ambos hombres estaban manifiestamente fuera de lugar,

5.10 and why such as they should adventure the North is part of the mystery of things that passes understanding.

y la razón por la que se aventuraron en el Norte es parte del misterio de las cosas que sobrepasa el entendimiento.

6.1 Buck heard the chaffering, saw the money pass between the man and the Government agent, and knew that the Scotch half-breed and the mail-train drivers were passing out of his life on the heels of Perrault and François and the others who had gone before.

Buck oyó las discusiones, vio pasar el dinero entre el hombre y el agente del Gobierno, y supo que el mestizo escocés y los conductores del tren correo salían de su vida pisándoles los talones a Perrault y François y a los otros que les habían precedido.

6.2 When driven with his mates to the new owners' camp, Buck saw a slipshod and slovenly affair, tent half stretched, dishes unwashed, everything in disorder;

Cuando fue conducido con sus compañeros al campamento de los nuevos propietarios, Buck vio un asunto descuidado y desaliñado, la tienda medio tendida, los platos sin lavar, todo en desorden;

6.3 also, he saw a woman. "Mercedes"

también vio a una mujer. "Mercedes"

6.4 the men called her.

la llamaban los hombres.

6.5 She was Charles's wife and Hal's sister — a nice family party.

Era la esposa de Charles y hermana de Hal, una bonita familia.

Buck watched them apprehensively as they proceeded to take down the tent and load the sled. 7.1
Buck los observó con aprensión mientras desmontaban la tienda y cargaban el trineo.

There was a great deal of effort about their manner, 7.2
Hacían un gran esfuerzo,

but no businesslike method. 7.3
pero no empleaban un método serio.

The tent was rolled into an awkward bundle three times as large as it should have been. 7.4
La tienda estaba enrollada en un bulto incómodo tres veces más grande de lo que debería haber sido.

The tin dishes were packed away unwashed. 7.5
La vajilla de hojalata se guardó sin lavar.

Mercedes continually fluttered in the way of her men and kept up an unbroken chattering of remonstrance and advice. 7.6
Mercedes revoloteaba continuamente en el camino de sus hombres y mantenía un parloteo ininterrumpido de quejas y consejos.

When they put a clothes-sack on the front of the sled, 7.7
Cuando pusieron un saco de ropa en la parte delantera del trineo,

she suggested it should go on the back; 7.8
ella sugirió que lo pusieran en la parte trasera;

7.9 and when they had put it on the back, and covered it over with a couple of other bundles, she discovered overlooked articles which could abide nowhere else but in that very sack, and they unloaded again.

y cuando lo hubieron puesto en la parte trasera, y lo cubrieron con un par de bultos más, descubrió por casualidad artículos que no podían caber en otro sitio que en ese mismo saco, y volvieron a descargar.

8.1 Three men from a neighboring tent came out and looked on,

Tres hombres de una tienda vecina salieron y miraron,

8.2 grinning and winking at one another.

sonriendo y guiñándose un ojo.

9.1 "You've got a right smart load as it is," said one of them;

"Ya tienes una buena carga," dijo uno de ellos;

9.2 "and it's not me should tell you your business,

"y no soy yo quien debe decirte lo que te importa,

9.3 but I wouldn't tote that tent along if I was you."

pero yo no llevaría esa tienda si fuera tú."

10.1 "Undreamed of!" cried Mercedes,

"¡Imposible!" gritó Mercedes,

10.2 throwing up her hands in dainty dismay.

levantando las manos con delicada consternación.

10.3 "However in the world could I manage without a tent?"

"¿Cómo podría arreglármelas sin una tienda?"

"It's springtime, and you won't get any more cold weather,"   11.1

"Es primavera y ya no hará frío,"

the man replied.   11.2

respondió el hombre.

She shook her head decidedly,   12.1

Ella sacudió la cabeza con decisión,

and Charles and Hal put the last odds and ends on top the mountainous load.   12.2

y Charles y Hal colocaron los últimos cachivaches sobre la montañosa carga.

"Think it'll ride?" one of the men asked.   13.1

"¿Crees que cabalgará?" preguntó uno de los hombres.

"Why shouldn't it?" Charles demanded rather shortly.   14.1

"¿Por qué no?" preguntó Charles con cierta brevedad.

"Oh, that's all right, that's all right,"   15.1

"Oh, no pasa nada, no pasa nada,"

the man hastened meekly to say.   15.2

se apresuró a decir mansamente el hombre.

"I was just a-wonderin,' that is all.   15.3

"Me estaba preguntando, eso es todo.

It seemed a mite top- heavy."   15.4

Parecía un poco pesado."

16.1 Charles turned his back and drew the lashings down as well as he could,

Charles le dio la espalda y bajó los latigazos como pudo,

16.2 which was not in the least well.

lo que no estuvo nada bien.

17.1 "An' of course the dogs can hike along all day with that contraption behind them," affirmed a second of the men.

"Y, por supuesto, los perros pueden caminar todo el día con ese artilugio detrás," afirmó otro de los hombres.

18.1 "Certainly,"

"Desde luego,"

18.2 said Hal, with freezing politeness, taking hold of the gee-pole with one hand and swinging his whip from the other.

dijo Hal con una cortesía glacial, agarrando el palo con una mano y blandiendo el látigo con la otra.

18.3 "Mush!" he shouted. "Mush on there!"

"¡Mush!" gritó. "¡Mush ahí!"

19.1 The dogs sprang against the breast-bands, strained hard for a few moments, then relaxed.

Los perros se abalanzaron contra las bandas del pecho, hicieron un gran esfuerzo durante unos instantes y luego se relajaron.

19.2 They were unable to move the sled.

Eran incapaces de mover el trineo.

"The lazy brutes, I'll show them," he cried, 20.1
"Los brutos perezosos, les voy a enseñar," gritó,

preparing to lash out at them with the whip. 20.2
preparándose para azotarles con el látigo.

But Mercedes interfered, crying, "Oh, Hal, you 21.1
mustn't,"
Pero Mercedes intervino, gritando: "Oh, Hal, no debes,"

as she caught hold of the whip and wrenched it from 21.2
him.
mientras agarraba el látigo y se lo arrancaba.

"The poor dears! 21.3
"¡Pobres!

Now you must promise you won't be harsh with them 21.4
for the rest of the trip,
Ahora debes prometerme que no serás duro con ellos
durante el resto del viaje,

or I won't go a step." 21.5
o no daré ni un paso."

"Precious lot you know about dogs," her brother 22.1
sneered;
"Tú sabes mucho de perros," se burló su hermano,

"and I wish you'd leave me alone. 22.2
"y ojalá me dejaras en paz.

They're lazy, I tell you, and you've got to whip them 22.3
to get anything out of them.
Son perezosos, te lo digo yo, y hay que azotarlos para
sacarles algo.

22.4 That's their way. You ask any one.

Así son ellos. Pregúntale a cualquiera.

22.5 Ask one of those men."

Pregúntale a uno de esos hombres."

23.1 Mercedes looked at them imploringly,

Mercedes los miró implorante,

23.2 untold repugnance at sight of pain written in her pretty face.

con una repugnancia indecible al ver el dolor escrito en su bonito rostro.

24.1 "They're weak as water, if you want to know,"

"Están débiles como el agua, si quieres saberlo,"

24.2 came the reply from one of the men. "Plum tuckered out,

fue la respuesta de uno de los hombres. "Están agotados,

24.3 that's what's the matter. They need a rest."

eso es lo que pasa. Necesitan descansar."

25.1 "Rest be blanked," said Hal, with his beardless lips;

"Descanse en blanco," dijo Hal, con sus labios imberbes;

25.2 and Mercedes said, "Oh!" in pain and sorrow at the oath.

y Mercedes dijo: "¡Oh!" dolorida y apenada por el juramento.

26.1 But she was a clannish creature,

Pero ella era una criatura de clan,

and rushed at once to the defence of her brother. 26.2

y se apresuró inmediatamente a defender a su hermano.

"Never mind that man," she said pointedly. 26.3

"No te preocupes por ese hombre," le dijo.

"You're driving our dogs, 26.4

"Tú conduces nuestros perros,

and you do what you think best with them." 26.5

y haz lo que creas mejor con ellos."

Again Hal's whip fell upon the dogs. 27.1

De nuevo el látigo de Hal cayó sobre los perros.

They threw themselves against the breast-bands, dug 27.2
their feet into the packed snow, got down low to it,
and put forth all their strength.

Se lanzaron contra las bandas del pecho, clavaron las patas
en la nieve compacta, se agacharon y emplearon toda su
fuerza.

The sled held as though it were an anchor. 27.3

El trineo se sostuvo como si fuera un ancla.

After two efforts, they stood still, panting. 27.4

Después de dos esfuerzos, se quedaron quietos, jadeando.

The whip was whistling savagely, 27.5

El látigo silbaba salvajemente,

when once more Mercedes interfered. 27.6

cuando una vez más Mercedes intervino.

27.7 She dropped on her knees before Buck, with tears in her eyes, and put her arms around his neck.

Cayó de rodillas ante Buck, con lágrimas en los ojos, y le rodeó el cuello con los brazos.

28.1 "You poor, poor dears," she cried sympathetically,

"Pobres, pobres queridos," gritó ella con simpatía,

28.2 "why don't you pull hard? — then you wouldn't be whipped."

"¿por qué no tiráis con fuerza? — así no os azotarían."

28.3 Buck did not like her, but he was feeling too miserable to resist her, taking it as part of the day's miserable work.

A Buck no le gustaba ella, pero se sentía demasiado miserable para resistirse, tomándolo como parte del miserable trabajo del día.

29.1 One of the onlookers, who had been clenching his teeth to suppress hot speech, now spoke up: — .

Uno de los espectadores, que había estado apretando los dientes para reprimir el acalorado discurso, tomó ahora la palabra: — .

30.1 "It's not that I care a whoop what becomes of you, but for the dogs' sakes I just want to tell you, you can help them a mighty lot by breaking out that sled.

"No es que me importe lo que te pase, pero por el bien de los perros, quiero decirte que puedes ayudarles mucho sacando ese trineo.

30.2 The runners are froze fast.

Los corredores se congelan rápido.

Throw your weight against the gee-pole, right and left, and break it out."

30.3

Lanza tu peso contra el poste, a derecha e izquierda, y sácalo."

A third time the attempt was made, but this time, following the advice, Hal broke out the runners which had been frozen to the snow.

31.1

Se intentó por tercera vez, pero esta vez, siguiendo el consejo, Hal sacó los patines que se habían congelado en la nieve.

The overloaded and unwieldy sled forged ahead,

31.2

El sobrecargado y difícil de manejar trineo siguió adelante,

Buck and his mates struggling frantically under the rain of blows.

31.3

Buck y sus compañeros luchando frenéticamente bajo la lluvia de golpes.

A hundred yards ahead the path turned and sloped steeply into the main street.

31.4

Cien metros más adelante, el camino giraba y se empinaba hacia la calle principal.

It would have required an experienced man to keep the top-heavy sled upright,

31.5

Habría hecho falta un hombre experimentado para mantener en posición vertical el trineo,

and Hal was not such a man.

31.6

y Hal no era un hombre así.

As they swung on the turn the sled went over, spilling half its load through the loose lashings.

31.7

Al girar, el trineo volcó, derramando la mitad de su carga por las flojas amarras.

31.8 **The dogs never stopped.**

Los perros no se detuvieron.

31.9 **The lightened sled bounded on its side behind them.**

El trineo aligerado se tambaleaba a sus espaldas.

31.10 **They were angry because of the ill treatment they had received and the unjust load.**

Estaban furiosos por el maltrato recibido y la injusta carga.

31.11 **Buck was raging.**

Buck estaba furioso.

31.12 **He broke into a run, the team following his lead. Hal cried**

Echó a correr y el equipo le siguió. Hal gritó

31.13 **"Whoa! whoa!" but they gave no heed.**

"¡Whoa! ¡Whoa!" pero no le hicieron caso.

31.14 **He tripped and was pulled off his feet.**

Tropezó y salió despedido.

31.15 **The capsized sled ground over him, and the dogs dashed on up the street, adding to the gayety of Skaguay as they scattered the remainder of the outfit along its chief thoroughfare.**

El trineo volcó sobre él y los perros se precipitaron calle arriba, aumentando la alegría de Skaguay al dispersar al resto del grupo por la calle principal.

32.1 **Kind-hearted citizens caught the dogs and gathered up the scattered belongings.**

Ciudadanos de buen corazón atraparon a los perros y recogieron las pertenencias esparcidas.

Also, they gave advice. 32.2

También dieron consejos.

Half the load and twice the dogs, if they ever expected 32.3
to reach Dawson, was what was said.

La mitad de la carga y el doble de perros, si alguna vez
esperaban llegar a Dawson, fue lo que se dijo.

Hal and his sister and brother-in-law listened 32.4
unwillingly, pitched tent, and overhauled the outfit.

Hal, su hermana y su cuñado escucharon a regañadientes,
montaron la tienda y revisaron el equipo.

Canned goods were turned out that made men laugh, 32.5

Salieron conservas que hicieron reír a los hombres,

for canned goods on the Long Trail is a thing to 32.6
dream about.

pues las conservas en la Ruta Larga son cosa de ensueño.

"Blankets for a hotel" 32.7

"Mantas para un hotel,"

quoth one of the men who laughed and helped. 32.8

dijo uno de los hombres que reían y ayudaban.

"Half as many is too much; get rid of them. 32.9

"La mitad es demasiado; deshazte de ellas.

Throw away that tent, and all those dishes, — who's 32.10
going to wash them, anyway?

Tira esa tienda y todos esos platos, ¿quién va a lavarlos?

Good Lord, do you think you're travelling on a 32.11
Pullman?"

Dios mío, ¿crees que viajas en un Pullman?"

33.1 **And so it went, the inexorable elimination of the superfluous.**
Y así fue la inexorable eliminación de lo superfluo.

33.2 **Mercedes cried when her clothes-bags were dumped on the ground and article after article was thrown out.**
Mercedes lloraba cuando tiraban sus bolsas de ropa al suelo y se deshacían de una prenda tras otra.

33.3 **She cried in general, and she cried in particular over each discarded thing.**
Lloraba en general y lloraba en particular por cada cosa desechada.

33.4 **She clasped hands about knees,**
Apretó las manos contra las rodillas,

33.5 **rocking back and forth broken-heartedly.**
meciéndose de un lado a otro con el corazón roto.

33.6 **She averred she would not go an inch,**
Afirmó que no cedería ni un milímetro,

33.7 **not for a dozen Charleses.**
ni por una docena de Charleses.

33.8 **She appealed to everybody and to everything,**
Apeló a todos y a todo,

33.9 **finally wiping her eyes and proceeding to cast out even articles of apparel that were imperative necessaries.**
enjugándose finalmente los ojos y procediendo a desechar incluso prendas de vestir que eran necesidades imperiosas.

And in her zeal, when she had finished with her own, she attacked the belongings of her men and went through them like a tornado. 33.10

Y en su celo, cuando hubo terminado con los suyos, atacó las pertenencias de sus hombres y las atravesó como un tornado.

This accomplished, the outfit, though cut in half, was still a formidable bulk. 34.1

Una vez hecho esto, el equipo, aunque reducido a la mitad, seguía siendo formidable.

Charles and Hal went out in the evening and bought six Outside dogs. 34.2

Charles y Hal salieron por la noche y compraron seis perros de exterior.

These, added to the six of the original team, and Teek and Koona, the huskies obtained at the Rink Rapids on the record trip, brought the team up to fourteen. 34.3

Éstos, sumados a los seis del equipo original, y a Teek y Koona, los huskies obtenidos en Rink Rapids en el viaje récord, elevaron el equipo a catorce.

But the Outside dogs, though practically broken in since their landing, did not amount to much. 34.4

Pero los perros de fuera, aunque prácticamente domados desde su desembarco, no eran gran cosa.

Three were short-haired pointers, one was a Newfoundland, and the other two were mongrels of indeterminate breed. 34.5

Tres eran pointers de pelo corto, uno era un terranova y los otros dos mestizos de raza indeterminada.

34.6 **They did not seem to know anything, these newcomers.**

Estos recién llegados no parecían saber nada.

34.7 **Buck and his comrades looked upon them with disgust, and though he speedily taught them their places and what not to do, he could not teach them what to do.**

Buck y sus compañeros los miraban con repugnancia, y aunque les enseñó rápidamente su lugar y lo que no debían hacer, no pudo enseñarles lo que debían hacer.

34.8 **They did not take kindly to trace and trail.**

No aceptaron de buen grado que se les siguiera el rastro.

34.9 **With the exception of the two mongrels,**

A excepción de los dos mestizos,

34.10 **they were bewildered and spirit-broken by the strange savage environment in which they found themselves and by the ill treatment they had received.**

estaban desconcertados y con el espíritu destrozado por el extraño entorno salvaje en el que se encontraban y por los malos tratos que habían recibido.

34.11 **The two mongrels were without spirit at all;**

Los dos mestizos carecían por completo de espíritu;

34.12 **bones were the only things breakable about them.**

los huesos eran lo único que se podía romper en ellos.

With the newcomers hopeless and forlorn, and the old team worn out by twenty-five hundred miles of continuous trail, the outlook was anything but bright.   35.1

Con los recién llegados desesperanzados y desamparados, y el viejo equipo agotado por las doscientas millas de camino continuo, las perspectivas no eran nada halagüeñas.

The two men, however, were quite cheerful.   35.2

Los dos hombres, sin embargo, estaban muy alegres.

And they were proud, too. They were doing the thing in style,   35.3

Y también estaban orgullosos. Lo estaban haciendo a lo grande,

with fourteen dogs.   35.4

con catorce perros.

They had seen other sleds depart over the Pass for Dawson, or come in from Dawson, but never had they seen a sled with so many as fourteen dogs.   35.5

Habían visto otros trineos partir por el paso hacia Dawson, o llegar desde Dawson, pero nunca habían visto un trineo con catorce perros.

In the nature of Arctic travel there was a reason why fourteen dogs should not drag one sled,   35.6

En la naturaleza de los viajes árticos había una razón para que catorce perros no arrastraran un trineo,

and that was that one sled could not carry the food for fourteen dogs.   35.7

y era que un trineo no podía llevar la comida para catorce perros.

35.8 But Charles and Hal did not know this.

Pero Carlos y Hal no lo sabían.

35.9 They had worked the trip out with a pencil, so much to a dog, so many dogs, so many days, Q.E.D. Mercedes looked over their shoulders and nodded comprehensively, it was all so very simple.

Habían calculado el viaje con un lápiz: tanto para un perro, tantos perros, tantos días, Q.E.D. Mercedes miró por encima de sus hombros y asintió comprensivamente, todo era muy sencillo.

36.1 Late next morning Buck led the long team up the street.

A última hora de la mañana siguiente, Buck condujo la larga yunta calle arriba.

36.2 There was nothing lively about it, no snap or go in him and his fellows.

No había nada animado en él ni en sus compañeros.

36.3 They were starting dead weary.

Empezaban muertos de cansancio.

36.4 Four times he had covered the distance between Salt Water and Dawson, and the knowledge that, jaded and tired, he was facing the same trail once more, made him bitter.

Había recorrido cuatro veces la distancia entre Salt Water y Dawson, y saber que, hastiado y cansado, se enfrentaba al mismo camino una vez más, le amargaba.

36.5 His heart was not in the work,

Su corazón no estaba por la labor,

36.6 nor was the heart of any dog.

como tampoco lo estaba el de ningún perro.

The Outsides were timid and frightened,   36.7

Los de afuera estaban tímidos y asustados,

the Insides without confidence in their masters.   36.8

los de adentro no confiaban en sus amos.

Buck felt vaguely that there was no depending upon   37.1
these two men and the woman.

Buck sintió vagamente que no se podía depender de
aquellos dos hombres y la mujer.

They did not know how to do anything,   37.2

No sabían hacer nada,

and as the days went by it became apparent that they   37.3
could not learn.

y a medida que pasaban los días se hacía evidente que no
podían aprender.

They were slack in all things, without order or   37.4
discipline.

Eran flojos en todo, sin orden ni disciplina.

It took them half the night to pitch a slovenly camp,   37.5

Tardaban media noche en montar un campamento
desaliñado,

and half the morning to break that camp and get   37.6
the sled loaded in fashion so slovenly that for the
rest of the day they were occupied in stopping and
rearranging the load.

y media mañana en levantar el campamento y cargar el
trineo de una manera tan desaliñada que el resto del día se
dedicaban a parar y reorganizar la carga.

Some days they did not make ten miles.   37.7

Algunos días no hicieron ni diez millas.

37.8 **On other days they were unable to get started at all.**

Otros días no pudieron ponerse en marcha.

37.9 **And on no day did they succeed in making more than half the distance used by the men as a basis in their dog-food computation.**

Y ningún día lograron recorrer más de la mitad de la distancia que los hombres utilizaban como base para sus cálculos de comida para perros.

38.1 **It was inevitable that they should go short on dog-food.**

Era inevitable que les faltara comida para perros.

38.2 **But they hastened it by overfeeding,**

Pero lo aceleraron sobrealimentándolos,

38.3 **bringing the day nearer when underfeeding would commence.**

acercando el día en que comenzaría la subalimentación.

38.4 **The Outside dogs, whose digestions had not been trained by chronic famine to make the most of little, had voracious appetites.**

Los perros de fuera, cuyas digestiones no habían sido entrenadas por la hambruna crónica para aprovechar lo poco, tenían apetitos voraces.

38.5 **And when, in addition to this, the worn-out huskies pulled weakly, Hal decided that the orthodox ration was too small.**

Y cuando, además, los desgastados huskies tiraron débilmente, Hal decidió que la ración ortodoxa era demasiado pequeña.

38.6 **He doubled it.**

La dobló.

And to cap it all, when Mercedes, with tears in her pretty eyes and a quaver in her throat, could not cajole him into giving the dogs still more, she stole from the fish-sacks and fed them slyly.

38.7

Y para colmo, cuando Mercedes, con lágrimas en los ojos y un temblor en la garganta, no pudo convencerlo de que les diera más, robó de los sacos de pescado y les dio de comer a escondidas.

But it was not food that Buck and the huskies needed,

38.8

Pero no era comida lo que Buck y los huskies necesitaban,

but rest. And though they were making poor time,

38.9

sino descanso. Y aunque iban mal de tiempo,

the heavy load they dragged sapped their strength severely.

38.10

la pesada carga que arrastraban mermaba gravemente sus fuerzas.

Then came the underfeeding.

39.1

Luego vino la subalimentación.

Hal awoke one day to the fact that his dog-food was half gone and the distance only quarter covered;

39.2

Hal se despertó un día y se dio cuenta de que su comida para perros se había acabado a la mitad y que la distancia recorrida era sólo la cuarta parte;

further,

39.3

además,

that for love or money no additional dog-food was to be obtained.

39.4

por amor o por dinero no iba a conseguir más comida para perros.

39.5 So he cut down even the orthodox ration and tried to increase the day's travel.

Así que redujo incluso la ración ortodoxa e intentó aumentar la jornada de viaje.

39.6 His sister and brother-in-law seconded him;

Su hermana y su cuñado le secundaron;

39.7 but they were frustrated by their heavy outfit and their own incompetence.

pero se vieron frustrados por su pesado atuendo y su propia incompetencia.

39.8 It was a simple matter to give the dogs less food; but it was impossible to make the dogs travel faster, while their own inability to get under way earlier in the morning prevented them from travelling longer hours.

Era sencillo dar menos comida a los perros, pero era imposible hacer que viajaran más rápido, mientras que su propia incapacidad para ponerse en marcha más temprano por la mañana les impedía viajar más horas.

39.9 Not only did they not know how to work dogs,

No sólo no sabían hacer trabajar a los perros,

39.10 but they did not know how to work themselves.

sino que tampoco sabían trabajar ellos mismos.

40.1 The first to go was Dub.

El primero en irse fue Dub.

40.2 Poor blundering thief that he was, always getting caught and punished, he had none the less been a faithful worker.

Aunque era un ladrón torpe que siempre era atrapado y castigado, había sido un trabajador fiel.

His wrenched shoulder-blade, untreated and unrested, went from bad to worse, till finally Hal shot him with the big Colt's revolver.

40.3

Su omóplato desgarrado, sin tratar ni curar, fue de mal en peor, hasta que finalmente Hal le disparó con el gran revólver Colt.

It is a saying of the country that an Outside dog starves to death on the ration of the husky,

40.4

Es un dicho del país que un perro de las afueras muere de hambre con la ración del husky,

so the six Outside dogs under Buck could do no less than die on half the ration of the husky.

40.5

así que los seis perros de las afueras a las órdenes de Buck no pudieron menos que morir con la mitad de la ración del husky.

The Newfoundland went first, followed by the three short-haired pointers, the two mongrels hanging more grittily on to life, but going in the end.

40.6

El Terranova fue el primero, seguido de los tres pointers de pelo corto, los dos mestizos se aferraron a la vida con más dificultad, pero al final murieron.

By this time all the amenities and gentlenesses of the Southland had fallen away from the three people.

41.1

Para entonces, todas las comodidades y gentilezas de la Tierra del Sur se habían desvanecido para las tres personas.

Shorn of its glamour and romance,

41.2

Despojado de su glamour y romanticismo,

Arctic travel became to them a reality too harsh for their manhood and womanhood.

41.3

el viaje por el Ártico se convirtió para ellos en una realidad demasiado dura para su hombría y su femineidad.

41.4 Mercedes ceased weeping over the dogs,

Mercedes dejó de llorar por los perros,

41.5 being too occupied with weeping over herself and with quarrelling with her husband and brother.

pues estaba demasiado ocupada llorando por sí misma y discutiendo con su marido y su hermano.

41.6 To quarrel was the one thing they were never too weary to do.

Reñir era lo único que nunca se cansaban de hacer.

41.7 Their irritability arose out of their misery, increased with it, doubled upon it, outdistanced it.

Su irritabilidad surgía de su miseria, aumentaba con ella, se duplicaba y la superaba.

41.8 The wonderful patience of the trail which comes to men who toil hard and suffer sore, and remain sweet of speech and kindly, did not come to these two men and the woman.

La maravillosa paciencia del sendero que se da a los hombres que trabajan duro y sufren dolorosamente, y siguen siendo dulces de palabra y amables, no llegó a estos dos hombres y a la mujer.

41.9 They had no inkling of such a patience.

No tenían la menor idea de tal paciencia.

41.10 They were stiff and in pain;

Estaban agarrotados y doloridos;

41.11 their muscles ached, their bones ached, their very hearts ached;

les dolían los músculos, los huesos, el corazón mismo;

and because of this they became sharp of speech, 41.12

y por eso se volvieron bruscos al hablar,

and hard words were first on their lips in the 41.13
morning and last at night.

y las palabras duras eran las primeras en sus labios por la
mañana y las últimas por la noche.

Charles and Hal wrangled whenever Mercedes gave 42.1
them a chance.

Charles y Hal discutían siempre que Mercedes les daba una
oportunidad.

It was the cherished belief of each that he did more 42.2
than his share of the work,

Cada uno tenía la creencia de que hacía más trabajo del que
le correspondía,

and neither forbore to speak this belief at every 42.3
opportunity.

y ninguno de los dos se privaba de expresar esta creencia en
cada oportunidad que se presentaba.

Sometimes Mercedes sided with her husband, 42.4

A veces Mercedes se ponía del lado de su marido,

sometimes with her brother. 42.5

a veces del de su hermano.

The result was a beautiful and unending family 42.6
quarrel.

El resultado fue una hermosa e interminable disputa
familiar.

42.7 Starting from a dispute as to which should chop a few sticks for the fire (a dispute which concerned only Charles and Hal), presently would be lugged in the rest of the family, fathers, mothers, uncles, cousins, people thousands of miles away, and some of them dead.

Partiendo de una disputa sobre quién debía cortar unos palos para el fuego (disputa que sólo afectaba a Charles y Hal), en la actualidad se metían en ella el resto de la familia, padres, madres, tíos, primos, gente que se encontraba a miles de kilómetros de distancia, y algunos de ellos muertos.

42.8 That Hal's views on art, or the sort of society plays his mother's brother wrote, should have anything to do with the chopping of a few sticks of firewood, passes comprehension;

Resultaba incomprensible que las opiniones de Hal sobre el arte o el tipo de obras de sociedad que escribía el hermano de su madre tuvieran algo que ver con el corte de unos cuantos palos de leña;

42.9 nevertheless the quarrel was as likely to tend in that direction as in the direction of Charles's political prejudices.

sin embargo, era tan probable que la disputa tendiera en esa dirección como en la de los prejuicios políticos de Charles.

And that Charles's sister's tale-bearing tongue should be relevant to the building of a Yukon fire, was apparent only to Mercedes, who disburdened herself of copious opinions upon that topic, and incidentally upon a few other traits unpleasantly peculiar to her husband's family. 42.10

Y que la lengua parlanchina de la hermana de Carlos fuera relevante para encender un fuego en el Yukón, sólo era evidente para Mercedes, que se deshizo en copiosas opiniones sobre ese tema y, de paso, sobre algunos otros rasgos desagradablemente peculiares de la familia de su marido.

In the meantime the fire remained unbuilt, the camp half pitched, and the dogs unfed. 42.11

Mientras tanto, el fuego seguía sin encenderse, el campamento a medio levantar y los perros sin comer.

Mercedes nursed a special grievance — the grievance of sex. 43.1

Mercedes albergaba un agravio especial: el agravio del sexo.

She was pretty and soft, 43.2

Era guapa y suave,

and had been chivalrously treated all her days. 43.3

y había sido tratada caballerosamente durante toda su vida.

But the present treatment by her husband and brother was everything save chivalrous. 43.4

Pero el trato que le dispensaban su marido y su hermano era todo menos caballeroso.

It was her custom to be helpless. They complained. 43.5

Era su costumbre estar indefensa. Se quejaron.

43.6 **Upon which impeachment of what to her was her most essential sex-prerogative,**

Al poner en entredicho lo que para ella era su prerrogativa sexual más esencial,

43.7 **she made their lives unendurable.**

les hizo la vida insoportable.

43.8 **She no longer considered the dogs, and because she was sore and tired, she persisted in riding on the sled.**

Ya no se fijaba en los perros y, como estaba dolorida y cansada, persistía en montar en el trineo.

43.9 **She was pretty and soft, but she weighed one hundred and twenty pounds — a lusty last straw to the load dragged by the weak and starving animals.**

Era bonita y suave, pero pesaba ciento veinte libras, un lujurioso colmo para la carga que arrastraban los débiles y famélicos animales.

43.10 **She rode for days,**

Cabalgó durante días,

43.11 **till they fell in the traces and the sled stood still.**

hasta que cayeron en los rastros y el trineo se detuvo.

43.12 **Charles and Hal begged her to get off and walk, pleaded with her, entreated, the while she wept and importuned Heaven with a recital of their brutality.**

Charles y Hal le rogaron que se bajara y caminara, le suplicaron, le rogaron, mientras ella lloraba e importunaba al Cielo con un relato de su brutalidad.

44.1 **On one occasion they took her off the sled by main strength.**

En una ocasión la sacaron del trineo por la fuerza principal.

They never did it again. 44.2

No volvieron a hacerlo.

She let her legs go limp like a spoiled child, and sat 44.3
down on the trail.

Dejó que las piernas le flaquearan como a una niña
malcriada y se sentó en el sendero.

They went on their way, but she did not move. 44.4

Ellos siguieron su camino, pero ella no se movió.

After they had travelled three miles they unloaded 44.5
the sled, came back for her, and by main strength put
her on the sled again.

Después de haber recorrido tres millas, descargaron el
trineo, volvieron a por ella y, con toda su fuerza, volvieron
a subirla al trineo.

In the excess of their own misery they were callous to 45.1
the suffering of their animals.

En el exceso de su propia miseria eran insensibles al
sufrimiento de sus animales.

Hal's theory, which he practised on others, was that 45.2
one must get hardened.

La teoría de Hal, que practicaba con los demás, era que uno
debe endurecerse.

He had started out preaching it to his sister and 45.3
brother-in-law.

Había empezado predicándosela a su hermana y a su
cuñado.

Failing there, he hammered it into the dogs with a 45.4
club.

Al no conseguirlo, se lo inculcaba a los perros con un
garrote.

45.5 At the Five Fingers the dog-food gave out,
En Five Fingers se acabó la comida para perros,

45.6 and a toothless old squaw offered to trade them a few pounds of frozen horse-hide for the Colt's revolver that kept the big hunting-knife company at Hal's hip.
y una vieja india desdentada se ofreció a cambiarles unos kilos de piel de caballo congelada por el revólver Colt que acompañaba al gran cuchillo de caza en la cadera de Hal.

45.7 A poor substitute for food was this hide,
La piel era un pobre sustituto de la comida,

45.8 just as it had been stripped from the starved horses of the cattlemen six months back.
tal como se la habían quitado a los famélicos caballos de los ganaderos seis meses atrás.

45.9 In its frozen state it was more like strips of galvanized iron, and when a dog wrestled it into his stomach it thawed into thin and innutritious leathery strings and into a mass of short hair, irritating and indigestible.
En su estado congelado era más bien como tiras de hierro galvanizado, y cuando un perro se la metía en el estómago se descongelaba en finas e innutritivas hebras coriáceas y en una masa de pelo corto, irritante e indigesto.

46.1 And through it all Buck staggered along at the head of the team as in a nightmare.
Y Buck se tambaleaba al frente del equipo como en una pesadilla.

46.2 He pulled when he could; when he could no longer pull,
Tiraba cuando podía; cuando ya no podía,

he fell down and remained down till blows from whip or club drove him to his feet again.

46.3

se caía y permanecía en el suelo hasta que los golpes de látigo o de garrote lo volvían a poner en pie.

All the stiffness and gloss had gone out of his beautiful furry coat.

46.4

Toda la rigidez y el brillo habían desaparecido de su hermoso pelaje.

The hair hung down, limp and draggled, or matted with dried blood where Hal's club had bruised him.

46.5

El pelo le colgaba, lacio y arrastrado, o enmarañado con sangre seca donde el garrote de Hal lo había magullado.

His muscles had wasted away to knotty strings, and the flesh pads had disappeared, so that each rib and every bone in his frame were outlined cleanly through the loose hide that was wrinkled in folds of emptiness.

46.6

Sus músculos se habían reducido a hilos nudosos, y las almohadillas de carne habían desaparecido, de modo que cada costilla y cada hueso de su estructura se perfilaban limpiamente a través de la piel suelta que se arrugaba en pliegues de vacío.

It was heartbreaking, only Buck's heart was unbreakable.

46.7

Era desgarrador, sólo que el corazón de Buck era irrompible.

The man in the red sweater had proved that.

46.8

El hombre del jersey rojo lo había demostrado.

As it was with Buck, so was it with his mates.

47.1

Como le pasaba a Buck, también les pasaba a sus compañeros.

47.2 **They were perambulating skeletons.**
Eran esqueletos ambulantes.

47.3 **There were seven all together, including him.**
Eran siete, incluido él.

47.4 **In their very great misery they had become insensible to the bite of the lash or the bruise of the club.**
En su gran miseria se habían vuelto insensibles a la mordedura del látigo o al golpe del garrote.

47.5 **The pain of the beating was dull and distant,**
El dolor de la paliza era sordo y distante,

47.6 **just as the things their eyes saw and their ears heard seemed dull and distant.**
del mismo modo que lo que veían sus ojos y oían sus oídos parecía sordo y distante.

47.7 **They were not half living, or quarter living.**
No vivían a medias, ni a cuartos.

47.8 **They were simply so many bags of bones in which sparks of life fluttered faintly.**
Eran simplemente sacos de huesos en los que revoloteaban tenuemente chispas de vida.

47.9 **When a halt was made, they dropped down in the traces like dead dogs, and the spark dimmed and paled and seemed to go out.**
Cuando se hacía un alto, caían sobre las huellas como perros muertos, y la chispa se atenuaba, palidecía y parecía apagarse.

And when the club or whip fell upon them, the spark fluttered feebly up, and they tottered to their feet and staggered on.

47.10

Y cuando el garrote o el látigo caían sobre ellos, la chispa revoloteaba débilmente hacia arriba, y se ponían en pie tambaleándose.

There came a day when Billee, the good-natured, fell and could not rise.

48.1

Llegó un día en que Billee, el bonachón, se cayó y no pudo levantarse.

Hal had traded off his revolver, so he took the axe and knocked Billee on the head as he lay in the traces, then cut the carcass out of the harness and dragged it to one side.

48.2

Hal había cambiado su revólver, así que cogió el hacha y golpeó a Billee en la cabeza mientras yacía en los rastros, luego cortó el cadáver del arnés y lo arrastró hacia un lado.

Buck saw, and his mates saw, and they knew that this thing was very close to them.

48.3

Buck vio, y sus compañeros vieron, y supieron que aquella cosa estaba muy cerca de ellos.

On the next day Koona went, and but five of them remained:

48.4

Al día siguiente Koona se fue, y sólo quedaron cinco de ellos:

Joe, too far gone to be malignant;

48.5

Joe, demasiado ido para ser maligno;

Pike, crippled and limping, only half conscious and not conscious enough longer to malinger;

48.6

Pike, tullido y cojeando, sólo consciente a medias y ya no lo suficiente para seguir maligno;

48.7 Sol-leks, the one-eyed, still faithful to the toil of trace and trail, and mournful in that he had so little strength with which to pull;

Sol-leks, el tuerto, todavía fiel al trabajo del rastro y el sendero, y afligido por tener tan poca fuerza con la que tirar;

48.8 Teek,

Teek,

48.9 who had not travelled so far that winter and who was now beaten more than the others because he was fresher;

que no había viajado tanto ese invierno y que ahora era más golpeado que los otros porque estaba más fresco;

48.10 and Buck, still at the head of the team, but no longer enforcing discipline or striving to enforce it, blind with weakness half the time and keeping the trail by the loom of it and by the dim feel of his feet.

y Buck, todavía a la cabeza del equipo, pero ya no imponiendo la disciplina ni esforzándose por imponerla, ciego de debilidad la mitad del tiempo y manteniendo el rastro por el telar del mismo y por el tenue tacto de sus pies.

49.1 It was beautiful spring weather,

Hacía un tiempo primaveral precioso,

49.2 but neither dogs nor humans were aware of it.

pero ni los perros ni los humanos eran conscientes de ello.

49.3 Each day the sun rose earlier and set later.

Cada día el sol salía más temprano y se ponía más tarde.

It was dawn by three in the morning, and twilight lingered till nine at night.
49.4

Amanecía a las tres de la mañana y el crepúsculo se prolongaba hasta las nueve de la noche.

The whole long day was a blaze of sunshine.
49.5

Todo el largo día era un resplandor de sol.

The ghostly winter silence had given way to the great spring murmur of awakening life.
49.6

El fantasmal silencio invernal había dado paso al gran murmullo primaveral del despertar de la vida.

This murmur arose from all the land,
49.7

Este murmullo surgía de toda la tierra,

fraught with the joy of living.
49.8

cargado de la alegría de vivir.

It came from the things that lived and moved again,
49.9

Procedía de las cosas que vivían y volvían a moverse,

things which had been as dead and which had not moved during the long months of frost.
49.10

cosas que habían estado como muertas y que no se habían movido durante los largos meses de heladas.

The sap was rising in the pines.
49.11

La savia crecía en los pinos.

The willows and aspens were bursting out in young buds.
49.12

Los sauces y los álamos estaban brotando.

Shrubs and vines were putting on fresh garbs of green.
49.13

Arbustos y enredaderas se vestían de verde.

49.14 Crickets sang in the nights, and in the days all manner of creeping, crawling things rustled forth into the sun.

Los grillos cantaban por las noches, y durante el día toda clase de seres rastreros y reptantes salían al sol.

49.15 Partridges and woodpeckers were booming and knocking in the forest.

Perdices y pájaros carpinteros trinaban y golpeaban en el bosque.

49.16 Squirrels were chattering, birds singing, and overhead honked the wild-fowl driving up from the south in cunning wedges that split the air.

Las ardillas parloteaban, los pájaros cantaban y las aves silvestres llegaban desde el sur en astutas cuñas que hendían el aire.

50.1 From every hill slope came the trickle of running water,

De cada ladera llegaba el goteo del agua,

50.2 the music of unseen fountains.

la música de fuentes invisibles.

50.3 All things were thawing, bending, snapping.

Todo se descongelaba, se doblaba, se rompía.

50.4 The Yukon was straining to break loose the ice that bound it down.

El Yukón se esforzaba por romper el hielo que lo sujetaba.

50.5 It ate away from beneath; the sun ate from above.

Se lo comía desde abajo; el sol se lo comía desde arriba.

Air-holes formed, fissures sprang and spread apart, while thin sections of ice fell through bodily into the river. 50.6

Se formaban agujeros de aire, las fisuras brotaban y se separaban, mientras delgadas secciones de hielo caían al río.

And amid all this bursting, rending, throbbing of awakening life, under the blazing sun and through the soft-sighing breezes, like wayfarers to death, staggered the two men, the woman, and the huskies. 50.7

Y en medio de todo este estallido, desgarro y palpitación de la vida que despertaba, bajo el sol abrasador y a través de las suaves brisas, como caminantes hacia la muerte, se tambaleaban los dos hombres, la mujer y los huskies.

With the dogs falling, Mercedes weeping and riding, Hal swearing innocuously, and Charles's eyes wistfully watering, they staggered into John Thornton's camp at the mouth of White River. 51.1

Con los perros caídos, Mercedes llorando y cabalgando, Hal maldiciendo inocentemente y los ojos de Charles anegados de nostalgia, llegaron tambaleándose al campamento de John Thornton en la desembocadura del río Blanco.

When they halted, 51.2

Cuando se detuvieron,

the dogs dropped down as though they had all been struck dead. 51.3

los perros se echaron al suelo como si los hubieran matado de un golpe.

Mercedes dried her eyes and looked at John Thornton. 51.4

Mercedes se secó los ojos y miró a John Thornton.

51.5 **Charles sat down on a log to rest.**
Charles se sentó en un tronco para descansar.

51.6 **He sat down very slowly and painstakingly what of his great stiffness.**
Se sentó muy despacio y con mucho esfuerzo debido a su gran rigidez.

51.7 **Hal did the talking.**
Hal fue el que habló.

51.8 **John Thornton was whittling the last touches on an axe-handle he had made from a stick of birch.**
John Thornton estaba dando los últimos toques a un mango de hacha que había hecho con un palo de abedul.

51.9 **He whittled and listened, gave monosyllabic replies, and, when it was asked, terse advice.**
Tallaba y escuchaba, daba respuestas monosilábicas y, cuando se le pedía, consejos concisos.

51.10 **He knew the breed, and he gave his advice in the certainty that it would not be followed.**
Conocía la raza y daba su consejo con la certeza de que no sería seguido.

52.1 **"They told us up above that the bottom was dropping out of the trail and that the best thing for us to do was to lay over,"**
"Nos dijeron arriba que el fondo se estaba saliendo del sendero y que lo mejor que podíamos hacer era echarnos a un lado,"

52.2 **Hal said in response to Thornton's warning to take no more chances on the rotten ice.**
dijo Hal en respuesta a la advertencia de Thornton de no arriesgarse más en el hielo podrido.

"They told us we couldn't make White River,   52.3
"Nos dijeron que no podríamos llegar a White River,

and here we are."   52.4
y aquí estamos."

This last with a sneering ring of triumph in it.   52.5
Esto último con un tono burlón de triunfo.

"And they told you true," John Thornton answered.   53.1
"Y te dijeron la verdad," respondió John Thornton.

"The bottom's likely to drop out at any moment.   53.2
"Es probable que el fondo se desplome en cualquier
momento.

Only fools, with the blind luck of fools, could have   53.3
made it.
Sólo los tontos, con la suerte ciega de los tontos, podrían
haberlo logrado.

I tell you straight,   53.4
Te digo la verdad,

I wouldn't risk my carcass on that ice for all the gold   53.5
in Alaska."
no arriesgaría mi cadáver en ese hielo ni por todo el oro de
Alaska."

"That's because you're not a fool, I suppose," said Hal.   54.1
"Eso es porque no eres tonto, supongo," dijo Hal.

"All the same, we'll go on to Dawson."   54.2
"De todos modos, seguiremos hasta Dawson."

54.3 He uncoiled his whip. "Get up there, Buck! Hi!

Desenrolló su látigo. "¡Sube ahí, Buck! ¡Venga!

54.4 Get up there! Mush on!"

¡Arriba! ¡Vamos!"

55.1 Thornton went on whittling.

Thornton siguió tallando.

55.2 It was idle, he knew, to get between a fool and his folly;

Sabía que era ocioso interponerse entre un tonto y su locura;

55.3 while two or three fools more or less would not alter the scheme of things.

mientras que dos o tres tontos más o menos no alterarían el esquema de las cosas.

56.1 But the team did not get up at the command.

Pero el equipo no se levantó a la orden.

56.2 It had long since passed into the stage where blows were required to rouse it.

Hacía tiempo que había pasado a la fase en la que se necesitaban golpes para despertarlo.

56.3 The whip flashed out, here and there, on its merciless errands.

El látigo relampagueó, aquí y allá, en sus despiadados recados.

56.4 John Thornton compressed his lips.

John Thornton apretó los labios.

Sol-leks was the first to crawl to his feet. Teek followed. 56.5

Sol-leks fue el primero en ponerse en pie. Teek le siguió.

Joe came next, yelping with pain. 56.6

Joe fue el siguiente, aullando de dolor.

Pike made painful efforts. 56.7

Pike hizo penosos esfuerzos.

Twice he fell over, when half up, and on the third attempt managed to rise. 56.8

Dos veces se cayó, cuando estaba medio levantado, y al tercer intento consiguió levantarse.

Buck made no effort. 56.9

Buck no hizo ningún esfuerzo.

He lay quietly where he had fallen. 56.10

Se quedó quieto donde había caído.

The lash bit into him again and again, 56.11

El látigo le mordía una y otra vez,

but he neither whined nor struggled. 56.12

pero no se quejaba ni luchaba.

Several times Thornton started, as though to speak, but changed his mind. 56.13

Thornton se sobresaltó varias veces, como si fuera a hablar, pero cambió de idea.

A moisture came into his eyes, and, as the whipping continued, he arose and walked irresolutely up and down. 56.14

Se le humedecieron los ojos y, mientras continuaban los azotes, se levantó y caminó irresoluto arriba y abajo.

57.1 **This was the first time Buck had failed,**
Era la primera vez que Buck fallaba,

57.2 **in itself a sufficient reason to drive Hal into a rage.**
razón suficiente para que Hal se enfureciera.

57.3 **He exchanged the whip for the customary club.**
Cambió el látigo por el garrote habitual.

57.4 **Buck refused to move under the rain of heavier blows which now fell upon him.**
Buck se negó a moverse bajo la lluvia de golpes más fuertes que ahora caían sobre él.

57.5 **Like his mates, he was barely able to get up, but, unlike them, he had made up his mind not to get up.**
Al igual que sus compañeros, apenas era capaz de levantarse, pero, a diferencia de ellos, había tomado la decisión de no hacerlo.

57.6 **He had a vague feeling of impending doom.**
Tenía una vaga sensación de muerte inminente.

57.7 **This had been strong upon him when he pulled in to the bank,**
Esta sensación se había apoderado de él cuando se detuvo en la orilla,

57.8 **and it had not departed from him.**
y no había desaparecido.

What of the thin and rotten ice he had felt under his feet all day, it seemed that he sensed disaster close at hand, out there ahead on the ice where his master was trying to drive him.

57.9

A pesar del hielo delgado y podrido que había sentido bajo sus pies durante todo el día, parecía presentir que el desastre estaba cerca, allá adelante, en el hielo, adonde su amo intentaba llevarlo.

He refused to stir.

57.10

Se negó a moverse.

So greatly had he suffered, and so far gone was he, that the blows did not hurt much.

57.11

Había sufrido tanto y estaba tan agotado que los golpes no le dolían mucho.

And as they continued to fall upon him,

57.12

Y mientras seguían cayendo sobre él,

the spark of life within flickered and went down.

57.13

la chispa de vida que llevaba dentro parpadeó y se apagó.

It was nearly out. He felt strangely numb.

57.14

Estaba casi apagada. Se sentía extrañamente entumecido.

As though from a great distance,

57.15

Como desde una gran distancia,

he was aware that he was being beaten.

57.16

era consciente de que le estaban golpeando.

The last sensations of pain left him.

57.17

Las últimas sensaciones de dolor le abandonaron.

He no longer felt anything,

57.18

Ya no sentía nada,

57.19 **though very faintly he could hear the impact of the club upon his body.**

aunque muy débilmente podía oír el impacto del garrote sobre su cuerpo.

57.20 **But it was no longer his body, it seemed so far away.**

Pero ya no era su cuerpo, parecía tan lejano.

58.1 **And then, suddenly, without warning, uttering a cry that was inarticulate and more like the cry of an animal, John Thornton sprang upon the man who wielded the club.**

Y entonces, de repente, sin previo aviso, lanzando un grito inarticulado que más parecía el de un animal, John Thornton se abalanzó sobre el hombre que empuñaba el garrote.

58.2 **Hal was hurled backward,**

Hal salió despedido hacia atrás,

58.3 **as though struck by a falling tree.**

como si le hubiera golpeado la caída de un árbol.

58.4 **Mercedes screamed.**

Mercedes gritó.

58.5 **Charles looked on wistfully, wiped his watery eyes, but did not get up because of his stiffness.**

Charles miró con nostalgia, se enjugó los ojos llorosos, pero no se levantó a causa de su rigidez.

59.1 **John Thornton stood over Buck, struggling to control himself, too convulsed with rage to speak.**

John Thornton estaba de pie junto a Buck, luchando por controlarse, demasiado convulsionado por la rabia para hablar.

"If you strike that dog again, I'll kill you," 60.1

"Si vuelves a pegar a ese perro, te mato,"

he at last managed to say in a choking voice. 60.2

consiguió decir por fin con voz entrecortada.

"It's my dog," Hal replied, 61.1

"Es mi perro," respondió Hal,

wiping the blood from his mouth as he came back. 61.2

limpiándose la sangre de la boca al volver.

"Get out of my way, or I'll fix you. I'm going to Dawson." 61.3

"Apártate de mi camino o te arreglo. Voy a Dawson."

Thornton stood between him and Buck, and evinced no intention of getting out of the way. 62.1

Thornton se interpuso entre él y Buck y no mostró intención de apartarse.

Hal drew his long hunting-knife. 62.2

Hal sacó su largo cuchillo de caza.

Mercedes screamed, cried, laughed, and manifested the chaotic abandonment of hysteria. 62.3

Mercedes gritó, lloró, rió y manifestó el caótico abandono de la histeria.

Thornton rapped Hal's knuckles with the axe-handle, 62.4

Thornton golpeó los nudillos de Hal con el mango del hacha,

knocking the knife to the ground. 62.5

tirando el cuchillo al suelo.

62.6 He rapped his knuckles again as he tried to pick it up.

Volvió a golpearle los nudillos cuando intentó recogerlo.

62.7 Then he stooped, picked it up himself, and with two strokes cut Buck's traces.

Luego se agachó, lo recogió él mismo y con dos golpes cortó las huellas de Buck.

63.1 Hal had no fight left in him.

Hal ya no tenía fuerzas para luchar.

63.2 Besides, his hands were full with his sister, or his arms, rather; while Buck was too near dead to be of further use in hauling the sled.

Además, tenía las manos ocupadas con su hermana, o más bien con sus brazos, mientras que Buck estaba demasiado cerca de la muerte para seguir siendo útil en el arrastre del trineo.

63.3 A few minutes later they pulled out from the bank and down the river.

Pocos minutos después se alejaron de la orilla y se internaron en el río.

63.4 Buck heard them go and raised his head to see, Pike was leading, Sol-leks was at the wheel, and between were Joe and Teek.

Buck los oyó partir y levantó la cabeza para ver: Pike iba en cabeza, Sol-leks al volante y entre ellos Joe y Teek.

63.5 They were limping and staggering.

Cojeaban y se tambaleaban.

63.6 Mercedes was riding the loaded sled.

Mercedes iba en el trineo cargado.

Hal guided at the gee-pole, and Charles stumbled along in the rear. 63.7

Hal guiaba en la pértiga y Charles iba a trompicones en la retaguardia.

As Buck watched them, Thornton knelt beside him and with rough, kindly hands searched for broken bones. 64.1

Mientras Buck los observaba, Thornton se arrodilló a su lado y con manos ásperas y amables buscó huesos rotos.

By the time his search had disclosed nothing more than many bruises and a state of terrible starvation, 64.2

Para cuando su búsqueda no había revelado más que muchas magulladuras y un estado de terrible inanición,

the sled was a quarter of a mile away. 64.3

el trineo estaba a un cuarto de milla de distancia.

Dog and man watched it crawling along over the ice. 64.4

Perro y hombre observaron cómo se arrastraba sobre el hielo.

Suddenly, they saw its back end drop down, as into a rut, and the gee-pole, with Hal clinging to it, jerk into the air. 64.5

De repente, vieron caer su parte trasera, como en un surco, y el poste, con Hal aferrado a él, saltar por los aires.

Mercedes's scream came to their ears. 64.6

El grito de Mercedes llegó a sus oídos.

They saw Charles turn and make one step to run back, 64.7

Vieron a Charles darse la vuelta y dar un paso para correr hacia atrás,

64.8 and then a whole section of ice give way and dogs and humans disappear.

y entonces toda una sección de hielo cedió y perros y humanos desaparecieron.

64.9 A yawning hole was all that was to be seen.

Sólo se veía un enorme agujero.

64.10 The bottom had dropped out of the trail.

El fondo se había salido del sendero.

65.1 John Thornton and Buck looked at each other.

John Thornton y Buck se miraron.

66.1 "You poor devil," said John Thornton, and Buck licked his hand.

"Pobre diablo," dijo John Thornton, y Buck le lamió la mano.

Chapter VI. For the Love of a Man

Capítulo VI. Por amor a un hombre

1.1 When John Thornton froze his feet in the previous December his partners had made him comfortable and left him to get well, going on themselves up the river to get out a raft of saw-logs for Dawson.

Cuando John Thornton se congeló los pies en diciembre anterior, sus compañeros le pusieron cómodo y le dejaron recuperarse, remontando ellos mismos el río para sacar una balsa de troncos para Dawson.

1.2 He was still limping slightly at the time he rescued Buck,

Todavía cojeaba ligeramente cuando rescataron a Buck,

1.3 but with the continued warm weather even the slight limp left him.

pero con el continuo tiempo cálido incluso la ligera cojera le abandonó.

And here, lying by the river bank through the long spring days, watching the running water, listening lazily to the songs of birds and the hum of nature, Buck slowly won back his strength. 1.4

Y aquí, tumbado a la orilla del río durante los largos días de primavera, mirando el agua correr, escuchando perezosamente el canto de los pájaros y el zumbido de la naturaleza, Buck recuperó lentamente sus fuerzas.

A rest comes very good after one has travelled three thousand miles, and it must be confessed that Buck waxed lazy as his wounds healed, his muscles swelled out, and the flesh came back to cover his bones. 2.1

Un descanso viene muy bien después de haber recorrido tres mil millas, y hay que confesar que Buck se volvió perezoso a medida que sus heridas cicatrizaban, sus músculos se hinchaban y la carne volvía a cubrir sus huesos.

For that matter, they were all loafing, — Buck, John Thornton, and Skeet and Nig, — waiting for the raft to come that was to carry them down to Dawson. 2.2

Por lo demás, todos estaban holgazaneando - Buck, John Thornton, Skeet y Nig-, esperando la llegada de la balsa que los llevaría a Dawson.

Skeet was a little Irish setter who early made friends with Buck, who, in a dying condition, was unable to resent her first advances. 2.3

Skeet era una pequeña setter irlandesa que pronto se hizo amiga de Buck, quien, moribundo, fue incapaz de resentir sus primeros avances.

She had the doctor trait which some dogs possess; 2.4

Tenía el rasgo de médico que poseen algunos perros;

2.5 **and as a mother cat washes her kittens,**
y como una gata madre lava a sus gatitos,

2.6 **so she washed and cleansed Buck's wounds.**
así lavaba y limpiaba las heridas de Buck.

2.7 **Regularly, each morning after he had finished his breakfast, she performed her self-appointed task, till he came to look for her ministrations as much as he did for Thornton's.**
Todas las mañanas, después de que Buck terminara de desayunar, ella realizaba su tarea autoimpuesta, hasta que Buck llegó a buscar sus cuidados tanto como los de Thornton.

2.8 **Nig, equally friendly, though less demonstrative, was a huge black dog, half bloodhound and half deerhound, with eyes that laughed and a boundless good nature.**
Nig, igualmente amistoso, aunque menos demostrativo, era un enorme perro negro, mitad sabueso y mitad lebrel, con ojos que reían y un buen carácter sin límites.

3.1 **To Buck's surprise these dogs manifested no jealousy toward him.**
Para sorpresa de Buck, estos perros no manifestaron celos hacia él.

3.2 **They seemed to share the kindliness and largeness of John Thornton.**
Parecían compartir la bondad y la grandeza de John Thornton.

As Buck grew stronger they enticed him into all sorts of ridiculous games, in which Thornton himself could not forbear to join; 3.3

A medida que Buck se fortalecía, le invitaban a toda clase de juegos ridículos, a los que el propio Thornton no podía evitar unirse;

and in this fashion Buck romped through his convalescence and into a new existence. 3.4

y de esta manera Buck retozó durante su convalecencia y hacia una nueva existencia.

Love, genuine passionate love, was his for the first time. 3.5

El amor, el verdadero amor apasionado, fue suyo por primera vez.

This he had never experienced at Judge Miller's down in the sun-kissed Santa Clara Valley. 3.6

Nunca lo había experimentado en casa del juez Miller, en el soleado valle de Santa Clara.

With the Judge's sons, hunting and tramping, it had been a working partnership; 3.7

Con los hijos del juez, cazando y vagabundeando, había sido una asociación de trabajo;

with the Judge's grandsons, a sort of pompous guardianship; 3.8

con los nietos del juez, una especie de tutela pomposa;

and with the Judge himself, a stately and dignified friendship. 3.9

y con el propio juez, una amistad señorial y digna.

3.10 But love that was feverish and burning, that was adoration, that was madness, it had taken John Thornton to arouse.

Pero el amor que era febril y ardiente, que era adoración, que era locura, le había costado a John Thornton despertarlo.

4.1 This man had saved his life, which was something;

Aquel hombre le había salvado la vida, lo cual ya era algo;

4.2 but, further, he was the ideal master.

pero, además, era el amo ideal.

4.3 Other men saw to the welfare of their dogs from a sense of duty and business expediency;

Otros hombres se ocupaban del bienestar de sus perros por sentido del deber y conveniencia comercial;

4.4 he saw to the welfare of his as if they were his own children,

él se ocupaba del bienestar de los suyos como si fueran sus propios hijos,

4.5 because he could not help it. And he saw further.

porque no podía evitarlo. Y veía más allá.

4.6 He never forgot a kindly greeting or a cheering word,

Nunca olvidaba un saludo amable o una palabra de ánimo,

4.7 and to sit down for a long talk with them ("gas"

y sentarse a charlar largo y tendido con ellos ("gas"

4.8 he called it) was as much his delight as theirs.

lo llamaba él) era tanto un placer para él como para ellos.

He had a way of taking Buck's head roughly between his hands, and resting his own head upon Buck's, of shaking him back and forth, the while calling him ill names that to Buck were love names. 4.9

Tenía la costumbre de tomar la cabeza de Buck entre sus manos y apoyar la suya en la de él, de sacudirlo de un lado a otro, mientras le decía motes que para Buck eran motes de amor.

Buck knew no greater joy than that rough embrace and the sound of murmured oaths, and at each jerk back and forth it seemed that his heart would be shaken out of his body so great was its ecstasy. 4.10

Buck no conocía mayor alegría que aquel áspero abrazo y el sonido de los juramentos murmurados, y a cada sacudida hacia adelante y hacia atrás parecía que su corazón iba a salirse de su cuerpo, tan grande era su éxtasis.

And when, released, he sprang to his feet, his mouth laughing, his eyes eloquent, his throat vibrant with unuttered sound, and in that fashion remained without movement, John Thornton would reverently exclaim, 4.11

Y cuando, liberado, se ponía en pie de un salto, con la boca risueña, los ojos elocuentes, la garganta vibrante de sonidos no pronunciados, y de ese modo permanecía sin moverse, John Thornton exclamaba reverente,

"God! you can all but speak!" 4.12

"¡Dios! ¡Todo lo puedes menos hablar!"

Buck had a trick of love expression that was akin to hurt. 5.1

Buck tenía un truco de expresión amorosa que era semejante a una herida.

5.2 **He would often seize Thornton's hand in his mouth and close so fiercely that the flesh bore the impress of his teeth for some time afterward.**

A menudo cogía la mano de Thornton con la boca y la cerraba con tanta fiereza que la carne llevaba la huella de sus dientes durante algún tiempo después.

5.3 **And as Buck understood the oaths to be love words,**

Y así como Buck entendía los juramentos como palabras de amor,

5.4 **so the man understood this feigned bite for a caress.**

el hombre entendía este mordisco fingido como una caricia.

6.1 **For the most part, however, Buck's love was expressed in adoration.**

Sin embargo, la mayor parte del amor de Buck se expresaba en adoración.

6.2 **While he went wild with happiness when Thornton touched him or spoke to him,**

Aunque se volvía loco de felicidad cuando Thornton le tocaba o le hablaba,

6.3 **he did not seek these tokens.**

no buscaba estas muestras.

6.4 **Unlike Skeet, who was wont to shove her nose under Thornton's hand and nudge and nudge till petted, or Nig, who would stalk up and rest his great head on Thornton's knee, Buck was content to adore at a distance.**

A diferencia de Skeet, que solía meter la nariz bajo la mano de Thornton y le daba codazos y codazos hasta que lo acariciaba, o de Nig, que se acercaba y apoyaba su gran cabeza en la rodilla de Thornton, Buck se contentaba con adorar a distancia.

He would lie by the hour, eager, alert, at Thornton's feet, looking up into his face, dwelling upon it, studying it, following with keenest interest each fleeting expression, every movement or change of feature.

6.5

Se tumbaba cada hora, ansioso, alerta, a los pies de Thornton, mirándole a la cara, deteniéndose en ella, estudiándola, siguiendo con el mayor interés cada expresión fugaz, cada movimiento o cambio de rasgo.

Or, as chance might have it, he would lie farther away, to the side or rear, watching the outlines of the man and the occasional movements of his body.

6.6

O, si el azar lo permitía, se tumbaba más lejos, a un lado o detrás, observando los contornos del hombre y los movimientos ocasionales de su cuerpo.

And often, such was the communion in which they lived, the strength of Buck's gaze would draw John Thornton's head around, and he would return the gaze, without speech, his heart shining out of his eyes as Buck's heart shone out.

6.7

Y a menudo, tal era la comunión en que vivían, que la fuerza de la mirada de Buck atraía la cabeza de John Thornton, y éste le devolvía la mirada, sin hablar, con el corazón brillando en sus ojos como brillaba el corazón de Buck.

For a long time after his rescue,

7.1

Durante mucho tiempo después de su rescate,

Buck did not like Thornton to get out of his sight.

7.2

a Buck no le gustaba que Thornton se perdiera de vista.

From the moment he left the tent to when he entered it again,

7.3

Desde que salía de la tienda hasta que volvía a entrar,

7.4 **Buck would follow at his heels.**

Buck le seguía los talones.

7.5 **His transient masters since he had come into the Northland had bred in him a fear that no master could be permanent.**

Sus amos transitorios desde que había llegado a las Tierras del Norte le habían hecho temer que ningún amo pudiera ser permanente.

7.6 **He was afraid that Thornton would pass out of his life as Perrault and François and the Scotch half-breed had passed out.**

Temía que Thornton desapareciera de su vida como habían desaparecido Perrault, François y el mestizo escocés.

7.7 **Even in the night, in his dreams, he was haunted by this fear.**

Incluso por la noche, en sus sueños, le atormentaba este temor.

7.8 **At such times he would shake off sleep and creep through the chill to the flap of the tent,**

En esos momentos se sacudía el sueño y se arrastraba a través del frío hasta la solapa de la tienda,

7.9 **where he would stand and listen to the sound of his master's breathing.**

donde se quedaba escuchando el sonido de la respiración de su amo.

But in spite of this great love he bore John Thornton, 8.1
which seemed to bespeak the soft civilizing influence,
the strain of the primitive, which the Northland had
aroused in him, remained alive and active.

Pero a pesar de este gran amor que profesaba a John
Thornton, que parecía presagiar la suave influencia
civilizadora, la cepa de lo primitivo, que la Northland
había despertado en él, permanecía viva y activa.

Faithfulness and devotion, things born of fire and 8.2
roof, were his;

La fidelidad y la devoción, cosas nacidas del fuego y del
techo, eran suyas;

yet he retained his wildness and wiliness. 8.3

sin embargo, conservaba su salvajismo y su fiereza.

He was a thing of the wild, come in from the wild 8.4
to sit by John Thornton's fire, rather than a dog
of the soft Southland stamped with the marks of
generations of civilization.

Era un animal salvaje, venido de la naturaleza para
sentarse junto al fuego de John Thornton, más que un perro
de las suaves tierras del Sur, estampado con las marcas de
generaciones de civilización.

Because of his very great love, he could not steal from 8.5
this man, but from any other man, in any other camp,
he did not hesitate an instant;

Debido a su gran amor, no podía robar a este hombre, pero
a cualquier otro, en cualquier otro campamento, no dudaba
un instante;

while the cunning with which he stole enabled him 8.6
to escape detection.

mientras que la astucia con la que robaba le permitía
escapar a la detección.

9.1 **His face and body were scored by the teeth of many dogs,**
Tenía la cara y el cuerpo marcados por los dientes de muchos perros,

9.2 **and he fought as fiercely as ever and more shrewdly.**
y luchaba tan ferozmente como siempre y con más astucia.

9.3 **Skeet and Nig were too good-natured for quarrelling, — besides, they belonged to John Thornton;**
Skeet y Nig tenían demasiado buen carácter para pelearse, además, pertenecían a John Thornton;

9.4 **but the strange dog, no matter what the breed or valor, swiftly acknowledged Buck's supremacy or found himself struggling for life with a terrible antagonist.**
pero el perro extraño, sin importar la raza o el valor, reconocía rápidamente la supremacía de Buck o se encontraba luchando por la vida con un terrible antagonista.

9.5 **And Buck was merciless.**
Y Buck no tenía piedad.

9.6 **He had learned well the law of club and fang,**
Había aprendido bien la ley del garrote y el colmillo,

9.7 **and he never forewent an advantage or drew back from a foe he had started on the way to Death.**
y nunca renunciaba a una ventaja ni retrocedía ante un enemigo que había iniciado el camino hacia la muerte.

He had lessoned from Spitz, and from the chief fighting dogs of the police and mail, and knew there was no middle course.

9.8

Había aprendido de Spitz y de los principales perros de pelea de la policía y el correo, y sabía que no había término medio.

He must master or be mastered; while to show mercy was a weakness.

9.9

Debía dominar o ser dominado, mientras que mostrar piedad era una debilidad.

Mercy did not exist in the primordial life.

9.10

La piedad no existía en la vida primordial.

It was misunderstood for fear,

9.11

Se malinterpretaba como miedo,

and such misunderstandings made for death.

9.12

y tales malentendidos conducían a la muerte.

Kill or be killed, eat or be eaten, was the law;

9.13

Matar o ser matado, comer o ser comido, era la ley;

and this mandate, down out of the depths of Time, he obeyed.

9.14

y él obedeció este mandato desde las profundidades del Tiempo.

He was older than the days he had seen and the breaths he had drawn.

10.1

Era más viejo que los días que había visto y los alientos que había respirado.

He linked the past with the present,

10.2

Unía el pasado con el presente,

10.3 **and the eternity behind him throbbed through him in a mighty rhythm to which he swayed as the tides and seasons swayed.**
y la eternidad que había tras él palpitaba en su interior con un ritmo poderoso al que se mecía como se mecían las mareas y las estaciones.

10.4 **He sat by John Thornton's fire, a broad-breasted dog, white-fanged and long-furred;**
Estaba sentado junto al fuego de John Thornton, un perro de pecho ancho, colmillos blancos y pelo largo;

10.5 **but behind him were the shades of all manner of dogs,**
Pero detrás de él estaban las sombras de todo tipo de perros,

10.6 **half-wolves and wild wolves, urgent and prompting,**
medio lobos y lobos salvajes, urgentes e incitantes,

10.7 **tasting the savor of the meat he ate,**
probando el sabor de la carne que comía,

10.8 **thirsting for the water he drank, scenting the wind with him,**
sedientos del agua que bebía, oliendo el viento con él,

10.9 **listening with him and telling him the sounds made by the wild life in the forest,**
escuchando con él y diciéndole los sonidos que hacía la vida salvaje en el bosque,

10.10 **dictating his moods, directing his actions,**
dictando su estado de ánimo, dirigiendo sus acciones,

10.11 **lying down to sleep with him when he lay down,**
acostándose a dormir con él cuando se acostaba,

and dreaming with him and beyond him and becoming themselves the stuff of his dreams. 10.12

y soñando con él y más allá de él y convirtiéndose ellos mismos en la materia de sus sueños.

So peremptorily did these shades beckon him, 11.1

Tan perentoriamente le atraían estas sombras,

that each day mankind and the claims of mankind slipped farther from him. 11.2

que cada día la humanidad y las pretensiones de la humanidad se alejaban más de él.

Deep in the forest a call was sounding, and as often as 11.3
he heard this call, mysteriously thrilling and luring,
he felt compelled to turn his back upon the fire and
the beaten earth around it, and to plunge into the
forest, and on and on, he knew not where or why;

En lo profundo del bosque sonaba una llamada, y cuantas veces oía esta llamada, misteriosamente emocionante y atrayente, se sentía obligado a dar la espalda al fuego y a la tierra batida que lo rodeaba, y a sumergirse en el bosque, y así sucesivamente, sin saber dónde ni por qué;

nor did he wonder where or why, the call sounding 11.4
imperiously, deep in the forest.

ni se preguntaba dónde ni por qué, la llamada sonaba imperiosamente, en lo profundo del bosque.

But as often as he gained the soft unbroken earth and 11.5
the green shade,

Pero tan a menudo como alcanzaba la suave tierra intacta y la verde sombra,

the love for John Thornton drew him back to the fire 11.6
again.

el amor por John Thornton lo llevaba de nuevo al fuego.

12.1 **Thornton alone held him.**
Sólo Thornton le sostenía.

12.2 **The rest of mankind was as nothing.**
El resto de la humanidad no era nada.

12.3 **Chance travellers might praise or pet him; but he was cold under it all, and from a too demonstrative man he would get up and walk away.**
Los viajeros fortuitos podían elogiarlo o acariciarlo, pero él era frío ante todo eso, y ante un hombre demasiado demostrativo se levantaba y se alejaba.

12.4 **When Thornton's partners, Hans and Pete, arrived on the long-expected raft, Buck refused to notice them till he learned they were close to Thornton;**
Cuando los compañeros de Thornton, Hans y Pete, llegaron en la tan esperada balsa, Buck se negó a fijarse en ellos hasta que supo que estaban cerca de Thornton;

12.5 **after that he tolerated them in a passive sort of way,**
después los toleró de un modo pasivo,

12.6 **accepting favors from them as though he favored them by accepting.**
aceptando sus favores como si él los favoreciera aceptándolos.

12.7 **They were of the same large type as Thornton, living close to the earth, thinking simply and seeing clearly;**
Eran del mismo gran tipo que Thornton, vivían cerca de la tierra, pensaban con sencillez y veían con claridad;

and ere they swung the raft into the big eddy by the saw-mill at Dawson, they understood Buck and his ways, and did not insist upon an intimacy such as obtained with Skeet and Nig.

12.8

y antes de hundir la balsa en el gran remolino junto al aserradero de Dawson, comprendieron a Buck y sus costumbres, y no insistieron en una intimidad como la obtenida con Skeet y Nig.

For Thornton, however, his love seemed to grow and grow.

13.1

Para Thornton, sin embargo, su amor parecía crecer y crecer.

He, alone among men, could put a pack upon Buck's back in the summer travelling.

13.2

Él, solo entre los hombres, podía poner una mochila sobre la espalda de Buck en los viajes de verano.

Nothing was too great for Buck to do, when Thornton commanded.

13.3

Nada era demasiado para Buck cuando Thornton se lo ordenaba.

One day (they had grub-staked themselves from the proceeds of the raft and left Dawson for the head-waters of the Tanana) the men and dogs were sitting on the crest of a cliff which fell away, straight down, to naked bed-rock three hundred feet below.

13.4

Un día, después de haber recogido los víveres de la balsa y de haber abandonado Dawson para dirigirse a la cabecera del Tanana, los hombres y los perros estaban sentados en la cresta de un acantilado que caía en picado hasta el lecho rocoso a unos cien metros de profundidad.

John Thornton was sitting near the edge,

13.5

John Thornton estaba sentado cerca del borde,

13.6 **Buck at his shoulder.**
con Buck al hombro.

13.7 **A thoughtless whim seized Thornton, and he drew the attention of Hans and Pete to the experiment he had in mind.**
Un capricho irreflexivo se apoderó de Thornton y llamó la atención de Hans y Pete sobre el experimento que tenía en mente.

13.8 **"Jump, Buck."**
"Salta, Buck," ordenó, extendiendo el brazo por encima del abismo."

13.9 **he commanded,**
Al instante siguiente estaba luchando con Buck en el borde extremo,

13.10 **sweeping his arm out and over the chasm. The next instant he was grappling with Buck on the extreme edge, while Hans and Pete were dragging them back into safety.**
mientras Hans y Pete los arrastraban de vuelta a un lugar seguro. .

14.1 **"It's uncanny," Pete said,**
"Es asombroso," dijo Pete,

14.2 **after it was over and they had caught their speech.**
cuando terminó y recuperaron el habla.

15.1 **Thornton shook his head.**
Thornton negó con la cabeza.

15.2 **"No, it is splendid, and it is terrible, too. Do you know,**
"No, es espléndido, y también es terrible. Sabes,

it sometimes makes me afraid."   15.3

a veces me da miedo."

"I'm not hankering to be the man that lays hands on   16.1
you while he's around,"

"No estoy deseando ser el hombre que te ponga las manos
encima mientras él esté cerca,"

Pete announced conclusively,   16.2

anunció Pete de forma concluyente,

nodding his head toward Buck.   16.3

asintiendo con la cabeza hacia Buck.

"Py Jingo!" was Hans's contribution. "Not mineself   17.1
either."

"¡Py Jingo!" fue la contribución de Hans. "Yo tampoco."

It was at Circle City, ere the year was out, that Pete's   18.1
apprehensions were realized.

Fue en Circle City, antes de que acabara el año, donde se
hicieron realidad los temores de Pete.

"Black"   18.2

"El Negro"

Burton, a man evil-tempered and malicious, had   18.3
been picking a quarrel with a tenderfoot at the bar,
when Thornton stepped good-naturedly between.

Burton, un hombre malhumorado y malicioso, había
estado discutiendo con un pie tierno en la barra, cuando
Thornton se interpuso de buen grado.

18.4 **Buck, as was his custom, was lying in a corner, head on paws, watching his master's every action.**

Buck, como era su costumbre, estaba tumbado en un rincón, con la cabeza sobre las patas, observando cada acción de su amo.

18.5 **Burton struck out, without warning, straight from the shoulder.**

Burton golpeó, sin previo aviso, directamente desde el hombro.

18.6 **Thornton was sent spinning, and saved himself from falling only by clutching the rail of the bar.**

Thornton salió despedido y sólo se salvó de caer agarrándose a la barandilla del bar.

19.1 **Those who were looking on heard what was neither bark nor yelp, but a something which is best described as a roar, and they saw Buck's body rise up in the air as he left the floor for Burton's throat.**

Los que estaban mirando oyeron lo que no era ni un ladrido ni un aullido, sino algo que se describe mejor como un rugido, y vieron cómo el cuerpo de Buck se elevaba en el aire al dejar el suelo por la garganta de Burton.

19.2 **The man saved his life by instinctively throwing out his arm,**

El hombre salvó la vida lanzando instintivamente el brazo,

19.3 **but was hurled backward to the floor with Buck on top of him.**

pero fue arrojado hacia atrás al suelo con Buck encima.

19.4 **Buck loosed his teeth from the flesh of the arm and drove in again for the throat.**

Buck soltó sus dientes de la carne del brazo y se lanzó de nuevo a por la garganta.

This time the man succeeded only in partly blocking,   19.5
Esta vez el hombre sólo consiguió bloquearlo parcialmente,

and his throat was torn open.   19.6
y su garganta fue desgarrada.

Then the crowd was upon Buck,   19.7
Entonces la muchedumbre se echó encima de Buck,

and he was driven off;   19.8
y éste fue expulsado;

but while a surgeon checked the bleeding, he prowled   19.9
up and down, growling furiously, attempting to rush
in, and being forced back by an array of hostile clubs.
pero mientras un cirujano controlaba la hemorragia,
él merodeaba arriba y abajo, gruñendo furiosamente,
intentando abalanzarse, y siendo obligado a retroceder por
una hilera de garrotes hostiles.

A "miners' meeting," called on the spot, decided that   19.10
the dog had sufficient provocation, and Buck was
discharged.
Una "reunión de mineros," convocada en el lugar, decidió
que el perro había tenido suficiente provocación, y Buck
fue despedido.

But his reputation was made,   19.11
Pero su reputación estaba hecha,

and from that day his name spread through every   19.12
camp in Alaska.
y desde aquel día su nombre se extendió por todos los
campamentos de Alaska.

20.1 Later on, in the fall of the year, he saved John Thornton's life in quite another fashion.

Más tarde, en otoño, salvó la vida de John Thornton de otra forma.

20.2 The three partners were lining a long and narrow poling-boat down a bad stretch of rapids on the Forty-Mile Creek.

Los tres compañeros navegaban en un largo y estrecho bote de remos por un mal tramo de rápidos del arroyo Forty-Mile.

20.3 Hans and Pete moved along the bank, snubbing with a thin Manila rope from tree to tree, while Thornton remained in the boat, helping its descent by means of a pole, and shouting directions to the shore.

Hans y Pete se movían a lo largo de la orilla, desairando con una delgada cuerda de Manila de árbol en árbol, mientras Thornton permanecía en el bote, ayudando a su descenso por medio de una pértiga, y gritando indicaciones a la orilla.

20.4 Buck, on the bank, worried and anxious, kept abreast of the boat, his eyes never off his master.

Buck, en la orilla, preocupado y ansioso, se mantenía al tanto de la barca, sin apartar los ojos de su amo.

At a particularly bad spot, where a ledge of barely submerged rocks jutted out into the river, Hans cast off the rope, and, while Thornton poled the boat out into the stream, ran down the bank with the end in his hand to snub the boat when it had cleared the ledge.

21.1

En un punto particularmente malo, donde un saliente de rocas apenas sumergidas se adentraba en el río, Hans soltó la cuerda y, mientras Thornton remaba la barca hacia la corriente, corrió por la orilla con el extremo en la mano para desairar la barca cuando hubiera superado el saliente.

This it did, and was flying down-stream in a current as swift as a mill-race, when Hans checked it with the rope and checked too suddenly.

21.2

Así lo hizo, y volaba río abajo en una corriente tan rápida como una carrera de molinos, cuando Hans lo frenó con la cuerda y lo frenó demasiado bruscamente.

The boat flirted over and snubbed in to the bank bottom up, while Thornton, flung sheer out of it, was carried down-stream toward the worst part of the rapids, a stretch of wild water in which no swimmer could live.

21.3

La barca volcó y se estrelló contra la orilla de abajo arriba, mientras Thornton, arrojado fuera de ella, era arrastrado corriente abajo hacia la peor parte de los rápidos, un tramo de aguas salvajes en las que ningún nadador podría vivir.

Buck had sprung in on the instant;

22.1

Buck se había lanzado al instante;

and at the end of three hundred yards, amid a mad swirl of water, he overhauled Thornton.

22.2

y al cabo de trescientos metros, en medio de un loco remolino de agua, alcanzó a Thornton.

22.3 **When he felt him grasp his tail, Buck headed for the bank, swimming with all his splendid strength.**

Cuando sintió que le agarraba la cola, Buck se dirigió hacia la orilla, nadando con toda su espléndida fuerza.

22.4 **But the progress shoreward was slow;**

Pero el avance hacia la orilla era lento;

22.5 **the progress down-stream amazingly rapid.**

el avance corriente abajo, asombrosamente rápido.

22.6 **From below came the fatal roaring where the wild current went wilder and was rent in shreds and spray by the rocks which thrust through like the teeth of an enormous comb.**

Desde abajo llegaba el rugido fatal donde la salvaje corriente se volvía más salvaje y se desgarraba en jirones y salpicaduras por las rocas que se clavaban como los dientes de un enorme peine.

22.7 **The suck of the water as it took the beginning of the last steep pitch was frightful,**

La succión del agua al tomar el comienzo de la última pendiente escarpada era espantosa,

22.8 **and Thornton knew that the shore was impossible.**

y Thornton supo que la orilla era imposible.

22.9 **He scraped furiously over a rock, bruised across a second, and struck a third with crushing force.**

Pasó furiosamente por encima de una roca, se golpeó contra una segunda y chocó contra una tercera con fuerza aplastante.

He clutched its slippery top with both hands, releasing Buck, and above the roar of the churning water shouted:

22.10

Se agarró a su resbaladiza cima con ambas manos, soltando a Buck, y por encima del rugido del agua agitada gritó:

"Go, Buck! Go!"

22.11

"¡Vamos, Buck! ¡Vamos!"

Buck could not hold his own, and swept on downstream, struggling desperately, but unable to win back.

23.1

Buck no pudo resistir y siguió río abajo, luchando desesperadamente, pero incapaz de recuperarse.

When he heard Thornton's command repeated, he partly reared out of the water, throwing his head high, as though for a last look, then turned obediently toward the bank.

23.2

Cuando oyó repetirse la orden de Thornton, se encabritó parcialmente fuera del agua, levantando la cabeza, como para echar un último vistazo, y luego se volvió obedientemente hacia la orilla.

He swam powerfully and was dragged ashore by Pete and Hans at the very point where swimming ceased to be possible and destruction began.

23.3

Nadó con fuerza y fue arrastrado a tierra por Pete y Hans en el mismo punto en que la natación dejaba de ser posible y comenzaba la destrucción.

They knew that the time a man could cling to a slippery rock in the face of that driving current was a matter of minutes,

24.1

Sabían que el tiempo que un hombre podía aferrarse a una roca resbaladiza frente a aquella corriente impetuosa era cuestión de minutos,

24.2 **and they ran as fast as they could up the bank to a point far above where Thornton was hanging on.**

y corrieron lo más rápido que pudieron por la orilla hasta un punto muy por encima de donde Thornton estaba colgado.

24.3 **They attached the line with which they had been snubbing the boat to Buck's neck and shoulders, being careful that it should neither strangle him nor impede his swimming, and launched him into the stream.**

Ataron el cabo con el que habían estado desairando la barca al cuello y los hombros de Buck, teniendo cuidado de que no le estrangulara ni le impidiera nadar, y le lanzaron a la corriente.

24.4 **He struck out boldly, but not straight enough into the stream.**

Se lanzó con valentía, pero no lo bastante recto.

24.5 **He discovered the mistake too late, when Thornton was abreast of him and a bare half-dozen strokes away while he was being carried helplessly past.**

Descubrió el error demasiado tarde, cuando Thornton estaba a su altura y a media docena de brazadas de distancia, mientras él era arrastrado sin poder hacer nada.

25.1 **Hans promptly snubbed with the rope,**

Hans se arrebujó en seguida con la cuerda,

25.2 **as though Buck were a boat.**

como si Buck fuera un barco.

The rope thus tightening on him in the sweep of the current, he was jerked under the surface, and under the surface he remained till his body struck against the bank and he was hauled out.

25.3

La cuerda se tensó y Buck fue arrastrado por la corriente hasta la superficie, donde permaneció hasta que su cuerpo chocó contra la orilla y fue sacado.

He was half drowned, and Hans and Pete threw themselves upon him, pounding the breath into him and the water out of him.

25.4

Estaba medio ahogado, y Hans y Pete se arrojaron sobre él, sacándole el aliento y el agua a golpes.

He staggered to his feet and fell down.

25.5

Se puso en pie tambaleándose y cayó al suelo.

The faint sound of Thornton's voice came to them, and though they could not make out the words of it, they knew that he was in his extremity.

25.6

Les llegó el débil sonido de la voz de Thornton, y aunque no pudieron distinguir sus palabras, supieron que estaba en su extremo.

His master's voice acted on Buck like an electric shock,

25.7

La voz de su amo actuó sobre Buck como una descarga eléctrica,

He sprang to his feet and ran up the bank ahead of the men to the point of his previous departure.

25.8

se puso en pie de un salto y corrió por la orilla por delante de los hombres hasta el punto de su anterior partida.

26.1 **Again the rope was attached and he was launched, and again he struck out, but this time straight into the stream.**

De nuevo se ató la cuerda y se lanzó, y de nuevo golpeó, pero esta vez directo a la corriente.

26.2 **He had miscalculated once,**

Había calculado mal una vez,

26.3 **but he would not be guilty of it a second time.**

pero no lo haría por segunda vez.

26.4 **Hans paid out the rope, permitting no slack, while Pete kept it clear of coils.**

Hans tensó la cuerda sin dejarla floja, mientras Pete la mantenía libre de vueltas.

26.5 **Buck held on till he was on a line straight above Thornton;**

Buck aguantó hasta que estuvo en línea recta por encima de Thornton;

26.6 **then he turned, and with the speed of an express train headed down upon him.**

entonces giró y, con la velocidad de un tren expreso, se dirigió hacia él.

26.7 **Thornton saw him coming, and, as Buck struck him like a battering ram, with the whole force of the current behind him, he reached up and closed with both arms around the shaggy neck.**

Thornton lo vio venir y, mientras Buck le golpeaba como un ariete, con toda la fuerza de la corriente a sus espaldas, alargó la mano y rodeó con ambos brazos el peludo cuello.

26.8 **Hans snubbed the rope around the tree,**

Hans enrolló la cuerda alrededor del árbol,

and Buck and Thornton were jerked under the water. 26.9

y Buck y Thornton fueron empujados bajo el agua.

Strangling, suffocating, sometimes one uppermost 26.10
and sometimes the other, dragging over the jagged
bottom, smashing against rocks and snags, they
veered in to the bank.

Estrangulados, sofocados, a veces uno arriba y a veces el
otro, arrastrándose por el fondo irregular, chocando contra
rocas y enganches, viraron hacia la orilla.

Thornton came to, 27.1

Thornton volvió en sí,

belly downward and being violently propelled back 27.2
and forth across a drift log by Hans and Pete.

panza abajo y siendo impulsado violentamente de un lado a
otro de un tronco a la deriva por Hans y Pete.

His first glance was for Buck, over whose limp and 27.3
apparently lifeless body Nig was setting up a howl,
while Skeet was licking the wet face and closed eyes.

Su primera mirada fue para Buck, sobre cuyo cuerpo inerte
y aparentemente sin vida Nig lanzaba un aullido, mientras
Skeet lamía la cara húmeda y los ojos cerrados.

Thornton was himself bruised and battered, and he 27.4
went carefully over Buck's body, when he had been
brought around, finding three broken ribs.

El propio Thornton estaba magullado y maltrecho, y pasó
con cuidado por encima del cuerpo de Buck, cuando lo
hubieron hecho volver en sí, encontrando tres costillas
rotas.

"That settles it," he announced. "We camp right 28.1
here."

"Eso lo resuelve," anunció. "Acamparemos aquí."

28.2 And camp they did,

Y acamparon,

28.3 till Buck's ribs knitted and he was able to travel.

hasta que a Buck se le curaron las costillas y pudo viajar.

29.1 That winter, at Dawson, Buck performed another exploit, not so heroic, perhaps, but one that put his name many notches higher on the totem-pole of Alaskan fame.

Ese invierno, en Dawson, Buck realizó otra hazaña, no tan heroica, tal vez, pero que puso su nombre muchas muescas más arriba en el tótem de la fama de Alaska.

29.2 This exploit was particularly gratifying to the three men; for they stood in need of the outfit which it furnished, and were enabled to make a long-desired trip into the virgin East, where miners had not yet appeared.

Esta hazaña fue especialmente gratificante para los tres hombres, ya que necesitaban el equipo que les proporcionó y pudieron hacer un viaje largamente deseado al Oriente virgen, donde aún no habían aparecido mineros.

29.3 It was brought about by a conversation in the Eldorado Saloon,

Esto sucedió a raíz de una conversación en el Eldorado Saloon,

29.4 in which men waxed boastful of their favorite dogs.

en la que los hombres se jactaban de sus perros favoritos.

29.5 Buck, because of his record, was the target for these men, and Thornton was driven stoutly to defend him.

Buck, debido a su historial, era el blanco de estos hombres, y Thornton se vio obligado a defenderlo.

At the end of half an hour one man stated that his dog   29.6
could start a sled with five hundred pounds and walk
off with it;

Al cabo de media hora, un hombre afirmó que su
perro podía arrancar un trineo con quinientas libras y
marcharse con él;

a second bragged six hundred for his dog; and a third,   29.7

un segundo presumió de seiscientas para su perro; y un
tercero,

seven hundred.   29.8

de setecientas.

"Pooh! pooh!" said John Thornton;   30.1

"¡Pooh! ¡Pooh!" dijo John Thornton;

"Buck can start a thousand pounds."   30.2

"Buck puede arrancar mil libras."

"And break it out? and walk off with it for a hundred   31.1
yards?"

"¿Y romperlo? ¿Y caminar con él cien metros?"

demanded Matthewson, a Bonanza King, he of the   31.2
seven hundred vaunt.

preguntó Matthewson, un rey de la bonanza, el de la
fanfarronada de los setecientos.

"And break it out, and walk off with it for a hundred   32.1
yards,"

"Y romperlo, y caminar con él durante cien yardas,"

John Thornton said coolly.   32.2

dijo John Thornton con frialdad.

232

33.1 **"Well,"**
"Bueno,"

33.2 **Matthewson said, slowly and deliberately, so that all could hear,**
dijo Matthewson, lenta y deliberadamente, para que todos pudieran oírlo,

33.3 **"I've got a thousand dollars that says he can't.**
"tengo mil dólares que dicen que no puede.

33.4 **And there it is." So saying,**
Y ahí están." Dicho esto,

33.5 **he slammed a sack of gold dust of the size of a bologna sausage down upon the bar.**
dejó caer de golpe sobre la barra un saco de polvo de oro del tamaño de una salchicha de mortadela.

34.1 **Nobody spoke.**
Nadie habló.

34.2 **Thornton's bluff, if bluff it was, had been called.**
El farol de Thornton, si es que era un farol, había sido descubierto.

34.3 **He could feel a flush of warm blood creeping up his face.**
Podía sentir un rubor de sangre caliente subiendo por su cara.

34.4 **His tongue had tricked him.**
Su lengua le había engañado.

34.5 **He did not know whether Buck could start a thousand pounds.**
No sabía si Buck podría arrancar mil libras.

Half a ton! The enormousness of it appalled him.   34.6

¡Media tonelada! La enormidad de aquello le horrorizaba.

He had great faith in Buck's strength and had often   34.7
thought him capable of starting such a load;

Tenía mucha fe en la fuerza de Buck y a menudo le había
creído capaz de arrancar semejante carga;

but never, as now, had he faced the possibility of it,   34.8
the eyes of a dozen men fixed upon him, silent and
waiting.

pero nunca, como ahora, se había enfrentado a la
posibilidad de hacerlo, con los ojos de una docena de
hombres fijos en él, silenciosos y expectantes.

Further, he had no thousand dollars; nor had Hans or   34.9
Pete.

Además, no tenía mil dólares, ni Hans ni Pete.

"I've got a sled standing outside now, with twenty   35.1
fiftypound sacks of flour on it,"

"Tengo un trineo parado afuera ahora, con veinte sacos de
cincuenta libras de harina en él,"

Matthewson went on with brutal directness;   35.2

Matthewson continuó con brutal franqueza;

"so don't let that hinder you."   35.3

"así que no dejes que eso te lo impida."

Thornton did not reply. He did not know what to say.   36.1

Thornton no respondió. No sabía qué decir.

36.2 He glanced from face to face in the absent way of a man who has lost the power of thought and is seeking somewhere to find the thing that will start it going again.

Miró de un lado a otro con la mirada ausente de un hombre que ha perdido la capacidad de pensar y busca en alguna parte lo que le permita volver a hacerlo.

36.3 The face of Jim O'Brien, a Mastodon King and old-time comrade, caught his eyes.

El rostro de Jim O'Brien, un rey mastodonte y viejo camarada, le llamó la atención.

36.4 It was as a cue to him,

Fue como una señal para él,

36.5 seeming to rouse him to do what he would never have dreamed of doing.

parecía despertarle para hacer lo que nunca habría soñado hacer.

37.1 "Can you lend me a thousand?" he asked, almost in a whisper.

"¿Puedes prestarme mil?" preguntó, casi en un susurro.

38.1 "Sure," answered O'Brien,

"Claro," contestó O'Brien,

38.2 thumping down a plethoric sack by the side of Matthewson's.

dejando caer un saco pletórico al lado del de Matthewson.

38.3 "Though it's little faith I'm having, John, that the beast can do the trick."

"Aunque tengo poca fe, John, en que la bestia pueda hacer el truco."

The Eldorado emptied its occupants into the street to see the test.

39.1

El Eldorado vació a sus ocupantes en la calle para ver la prueba.

The tables were deserted,

39.2

Las mesas estaban desiertas,

and the dealers and gamekeepers came forth to see the outcome of the wager and to lay odds.

39.3

y los crupieres y guardabosques salieron para ver el resultado de la apuesta y apostar.

Several hundred men, furred and mittened, banked around the sled within easy distance.

39.4

Varios centenares de hombres, con pieles y mitones, se agruparon alrededor del trineo, a poca distancia.

Matthewson's sled, loaded with a thousand pounds of flour, had been standing for a couple of hours, and in the intense cold (it was sixty below zero) the runners had frozen fast to the hard-packed snow.

39.5

El trineo de Matthewson, cargado con mil libras de harina, llevaba un par de horas parado y, con el intenso frío (hacía sesenta grados bajo cero), los patines se habían congelado en la nieve.

Men offered odds of two to one that Buck could not budge the sled.

39.6

Los hombres apostaron dos a uno a que Buck no podría mover el trineo.

A quibble arose concerning the phrase "break out."

39.7

Surgió una disputa sobre la frase "break out."

236

39.8   O'Brien contended it was Thornton's privilege to knock the runners loose,

O'Brien sostuvo que era privilegio de Thornton soltar a los corredores,

39.9   leaving Buck to "break it out" from a dead standstill.

dejando a Buck "romperlo" desde un punto muerto.

39.10   Matthewson insisted that the phrase included breaking the runners from the frozen grip of the snow.

Matthewson insistió en que la frase incluía liberar a los corredores del agarre helado de la nieve.

39.11   A majority of the men who had witnessed the making of the bet decided in his favor,

La mayoría de los hombres que habían presenciado la realización de la apuesta decidieron a su favor,

39.12   whereat the odds went up to three to one against Buck.

por lo que las probabilidades aumentaron a tres a uno contra Buck.

40.1   There were no takers.

No hubo interesados.

40.2   Not a man believed him capable of the feat.

Nadie le creía capaz de la hazaña.

40.3   Thornton had been hurried into the wager, heavy with doubt;

Thornton se había precipitado en la apuesta, cargado de dudas;

and now that he looked at the sled itself, the concrete 40.4
fact, with the regular team of ten dogs curled up
in the snow before it, the more impossible the task
appeared.
y ahora que miraba el trineo en sí, el hecho concreto, con el
equipo regular de diez perros acurrucados en la nieve ante
él, más imposible parecía la tarea.

Matthewson waxed jubilant. 40.5
Matthewson estaba exultante.

"Three to one!" he proclaimed. 41.1
"¡Tres a uno!" proclamó.

"I'll lay you another thousand at that figure, 41.2
Thornton.
"Te apuesto otros mil a esa cifra, Thornton.

What d'ye say?" 41.3
¿Qué dices?"

Thornton's doubt was strong in his face, but his 42.1
fighting spirit was aroused — the fighting spirit that
soars above odds, fails to recognize the impossible,
and is deaf to all save the clamor for battle.
La duda de Thornton era fuerte en su rostro, pero su
espíritu de lucha se había despertado, el espíritu de lucha
que se eleva por encima de las probabilidades, no reconoce
lo imposible y es sordo a todo salvo al clamor de la batalla.

He called Hans and Pete to him. Their sacks were 42.2
slim,
Llamó a Hans y a Pete. Sus sacos eran escasos,

42.3 **and with his own the three partners could rake together only two hundred dollars.**

y con el suyo los tres socios sólo podían reunir doscientos dólares.

42.4 **In the ebb of their fortunes, this sum was their total capital;**

En el reflujo de sus fortunas, esta suma era su capital total;

42.5 **yet they laid it unhesitatingly against Matthewson's six hundred.**

sin embargo, la pusieron sin vacilar contra los seiscientos de Matthewson.

43.1 **The team of ten dogs was unhitched, and Buck, with his own harness, was put into the sled.**

El equipo de diez perros fue desenganchado, y Buck, con su propio arnés, subió al trineo.

43.2 **He had caught the contagion of the excitement, and he felt that in some way he must do a great thing for John Thornton.**

Se había contagiado de la emoción y sentía que, de alguna manera, debía hacer algo grande por John Thornton.

43.3 **Murmurs of admiration at his splendid appearance went up.**

Se oyeron murmullos de admiración por su espléndido aspecto.

43.4 **He was in perfect condition, without an ounce of superfluous flesh, and the one hundred and fifty pounds that he weighed were so many pounds of grit and virility.**

Estaba en perfectas condiciones, sin un gramo de carne superflua, y los ciento cincuenta kilos que pesaba eran otros tantos kilos de agallas y virilidad.

His furry coat shone with the sheen of silk.   43.5

Su pelaje resplandecía con el brillo de la seda.

Down the neck and across the shoulders, his mane, in   43.6
repose as it was, half bristled and seemed to lift with
every movement, as though excess of vigor made
each particular hair alive and active.

Por el cuello y a través de los hombros, su melena, en
reposo como estaba, se erizaba a medias y parecía
levantarse con cada movimiento, como si el exceso de
vigor hiciera que cada pelo en particular estuviera vivo y
activo.

The great breast and heavy fore legs were no more   43.7
than in proportion with the rest of the body,

El gran pecho y las pesadas patas delanteras no guardaban
más que proporción con el resto del cuerpo,

where the muscles showed in tight rolls underneath   43.8
the skin.

donde los músculos se mostraban en apretados rollos bajo
la piel.

Men felt these muscles and proclaimed them hard as   43.9
iron,

Los hombres palparon estos músculos y los proclamaron
duros como el hierro,

and the odds went down to two to one.   43.10

y las probabilidades bajaron a dos a uno.

"Gad, sir! Gad, sir!"   44.1

"¡Caramba, señor! Gad, señor!"

stuttered a member of the latest dynasty,   44.2

tartamudeó un miembro de la última dinastía,

44.3   a king of the Skookum Benches.

un rey de los Skookum Benches.

44.4   "I offer you eight hundred for him, sir, before the
test, sir;

"Le ofrezco ochocientos por él, señor, antes de la prueba,
señor;

44.5   eight hundred just as he stands."

ochocientos tal como está."

45.1   Thornton shook his head and stepped to Buck's side.

Thornton sacudió la cabeza y se puso al lado de Buck.

46.1   "You must stand off from him," Matthewson
protested.

"Debes alejarte de él," protestó Matthewson.

46.2   "Free play and plenty of room."

"Juego libre y mucho espacio."

47.1   The crowd fell silent;

La multitud enmudeció;

47.2   only could be heard the voices of the gamblers vainly
offering two to one.

sólo se oían las voces de los jugadores que ofrecían en vano
dos a uno.

47.3   Everybody acknowledged Buck a magnificent animal,

Todo el mundo reconocía que Buck era un animal
magnífico,

but twenty fifty-pound sacks of flour bulked too large in their eyes for them to loosen their pouch-strings. 47.4

pero veinte sacos de harina de cincuenta libras les parecían demasiado grandes como para aflojar las correas de sus bolsas.

Thornton knelt down by Buck's side. 48.1

Thornton se arrodilló junto a Buck.

He took his head in his two hands and rested cheek on cheek. 48.2

Le cogió la cabeza con las dos manos y la apoyó mejilla contra mejilla.

He did not playfully shake him, as was his wont, or murmur soft love curses; 48.3

No lo sacudió juguetonamente, como era su costumbre, ni murmuró suaves maldiciones de amor;

but he whispered in his ear. "As you love me, Buck. 48.4

pero le susurró al oído. "Como tú me quieres, Buck.

As you love me," was what he whispered. 48.5

Como tú me amas," fue lo que susurró.

Buck whined with suppressed eagerness. 48.6

Buck gimió con ansia reprimida.

The crowd was watching curiously. 49.1

La multitud observaba con curiosidad.

The affair was growing mysterious. 49.2

El asunto se estaba volviendo misterioso.

It seemed like a conjuration. 49.3

Parecía un conjuro.

49.4 As Thornton got to his feet, Buck seized his mittened hand between his jaws, pressing in with his teeth and releasing slowly, half-reluctantly.

Cuando Thornton se puso en pie, Buck agarró su mano en mitones entre las mandíbulas, apretando con los dientes y soltando lentamente, medio a regañadientes.

49.5 It was the answer, in terms, not of speech, but of love.

Era la respuesta, en términos, no de palabra, sino de amor.

49.6 Thornton stepped well back.

Thornton dio un paso atrás.

50.1 "Now, Buck," he said.

"Ahora, Buck," dijo.

51.1 Buck tightened the traces, then slacked them for a matter of several inches.

Buck tensó los tirantes y luego los aflojó unos centímetros.

51.2 It was the way he had learned.

Así había aprendido.

52.1 "Gee!" Thornton's voice rang out,

"¡Caramba!" La voz de Thornton sonó,

52.2 sharp in the tense silence.

aguda en el tenso silencio.

53.1 Buck swung to the right,

Buck giró hacia la derecha,

ending the movement in a plunge that took up
the slack and with a sudden jerk arrested his one
hundred and fifty pounds.   53.2

terminando el movimiento en una zambullida que
recogió la holgura y con un brusco tirón detuvo sus ciento
cincuenta libras.

The load quivered,   53.3

La carga tembló,

and from under the runners arose a crisp crackling.   53.4

y de debajo de los patines surgió un crujido.

"Haw!" Thornton commanded.   54.1

"¡Haw!" Thornton ordenó.

Buck duplicated the manœuvre, this time to the left.   55.1

Buck repitió la maniobra, esta vez hacia la izquierda.

The crackling turned into a snapping,   55.2

El crujido se convirtió en un chasquido,

the sled pivoting and the runners slipping and   55.3
grating several inches to the side.

el trineo pivotó y los patines resbalaron y chirriaron varios
centímetros hacia un lado.

The sled was broken out. Men were holding their   55.4
breaths,

El trineo se partió. Los hombres contenían la respiración,

intensely unconscious of the fact.   55.5

intensamente inconscientes del hecho.

"Now, MUSH!"   56.1

"¡Ahora, MUSH!"

57.1 Thornton's command cracked out like a pistol-shot.

La orden de Thornton sonó como un disparo de pistola.

57.2 Buck threw himself forward,

Buck se lanzó hacia delante,

57.3 tightening the traces with a jarring lunge.

tensando las trabas con una embestida estremecedora.

57.4 His whole body was gathered compactly together in the tremendous effort,

Todo su cuerpo estaba compactamente unido por el tremendo esfuerzo,

57.5 the muscles writhing and knotting like live things under the silky fur.

los músculos retorciéndose y anudándose como cosas vivas bajo el sedoso pelaje.

57.6 His great chest was low to the ground, his head forward and down, while his feet were flying like mad, the claws scarring the hard-packed snow in parallel grooves.

Su gran pecho estaba pegado al suelo, su cabeza hacia delante y hacia abajo, mientras sus pies volaban como locos, las garras marcando la nieve dura en surcos paralelos.

57.7 The sled swayed and trembled,

El trineo se balanceaba y temblaba,

57.8 half-started forward.

medio arrancado hacia delante.

57.9 One of his feet slipped, and one man groaned aloud.

Uno de sus pies resbaló y uno de los hombres gimió en voz alta.

Then the sled lurched ahead in what appeared a rapid succession of jerks, 57.10

Entonces el trineo se tambaleó en lo que pareció una rápida sucesión de sacudidas,

though it never really came to a dead stop again ...half an inch ...an inch ...two inches ...The jerks perceptibly diminished; 57.11

aunque en realidad nunca llegó a detenerse ...media pulgada ...una pulgada ...dos pulgadas ...Las sacudidas disminuyeron perceptiblemente;

as the sled gained momentum, he caught them up, till it was moving steadily along. 57.12

a medida que el trineo cobraba impulso, él las recuperaba, hasta que avanzó con paso firme.

Men gasped and began to breathe again, 58.1

Los hombres jadeaban y empezaban a respirar de nuevo,

unaware that for a moment they had ceased to breathe. 58.2

sin darse cuenta de que por un momento habían dejado de respirar.

Thornton was running behind, encouraging Buck with short, cheery words. 58.3

Thornton corría detrás, animando a Buck con palabras cortas y alegres.

58.4   The distance had been measured off, and as he neared the pile of firewood which marked the end of the hundred yards, a cheer began to grow and grow, which burst into a roar as he passed the firewood and halted at command.

Se había medido la distancia, y a medida que se acercaba a la pila de leña que marcaba el final de los cien metros, empezó a crecer y crecer una ovación, que estalló en un rugido cuando pasó junto a la leña y se detuvo a la orden.

58.5   Every man was tearing himself loose, even Matthewson.

Todos los hombres se desgarraban, incluso Matthewson.

58.6   Hats and mittens were flying in the air.

Sombreros y mitones volaban por los aires.

58.7   Men were shaking hands, it did not matter with whom, and bubbling over in a general incoherent babel.

Los hombres se daban la mano, no importaba con quién, y bullían en una babel general incoherente.

59.1   But Thornton fell on his knees beside Buck.

Pero Thornton cayó de rodillas junto a Buck.

59.2   Head was against head, and he was shaking him back and forth.

Cabeza contra cabeza, y lo sacudía de un lado a otro.

59.3   Those who hurried up heard him cursing Buck, and he cursed him long and fervently, and softly and lovingly.

Los que se apresuraron a subir le oyeron maldecir a Buck, y le maldijo larga y fervientemente, y en voz baja y con cariño.

247

"Gad, sir! Gad, sir!"

60.1

"¡Caramba, señor! ¡Caramba, señor!"

spluttered the Skookum Bench king.

60.2

balbuceó el rey de Skookum Bench.

"I'll give you a thousand for him, sir, a thousand, sir — twelve hundred, sir."

60.3

"Le daré mil por él, señor, mil, señor, mil doscientos, señor."

Thornton rose to his feet. His eyes were wet.

61.1

Thornton se puso en pie. Tenía los ojos húmedos.

The tears were streaming frankly down his cheeks. "Sir,"

61.2

Las lágrimas corrían francas por sus mejillas. "Señor,"

he said to the Skookum Bench king, "no, sir.

61.3

le dijo al rey del banco Skookum, "no, señor.

You can go to hell, sir.

61.4

Puede irse al infierno, señor.

It's the best I can do for you, sir."

61.5

Es lo mejor que puedo hacer por usted, señor."

Buck seized Thornton's hand in his teeth.

62.1

Buck agarró la mano de Thornton entre los dientes.

Thornton shook him back and forth.

62.2

Thornton lo sacudió de un lado a otro.

As though animated by a common impulse,

62.3

Como animados por un impulso común,

62.4   **the onlookers drew back to a respectful distance;**
los espectadores se retiraron a una respetuosa distancia;

62.5   **nor were they again indiscreet enough to interrupt.**
ni volvieron a ser lo bastante indiscretos como para
interrumpir.

Chapter VII. The Sounding of the Call

Capítulo VII. El sonido de la llamada

1.1 When Buck earned sixteen hundred dollars in five minutes for John Thornton, he made it possible for his master to pay off certain debts and to journey with his partners into the East after a fabled lost mine, the history of which was as old as the history of the country.

Cuando Buck ganó mil seiscientos dólares en cinco minutos para John Thornton, hizo posible que su amo pagara ciertas deudas y viajara con sus socios al Este en busca de una legendaria mina perdida, cuya historia era tan antigua como la del país.

1.2 Many men had sought it; few had found it;

Muchos hombres la habían buscado; pocos la habían encontrado;

1.3 and more than a few there were who had never returned from the quest.

y no eran pocos los que nunca habían regresado de la búsqueda.

This lost mine was steeped in tragedy and shrouded in mystery.

1.4

Esta mina perdida estaba impregnada de tragedia y envuelta en misterio.

No one knew of the first man.

1.5

Nadie sabía quién había sido el primer hombre.

The oldest tradition stopped before it got back to him.

1.6

La tradición más antigua se detuvo antes de llegar a él.

From the beginning there had been an ancient and ramshackle cabin.

1.7

Desde el principio había existido una cabaña antigua y destartalada.

Dying men had sworn to it, and to the mine the site of which it marked, clinching their testimony with nuggets that were unlike any known grade of gold in the Northland.

1.8

Hombres moribundos habían jurado su existencia, y la de la mina cuyo yacimiento marcaba, avalando su testimonio con pepitas que no se parecían a ninguna ley de oro conocida en las Tierras del Norte.

But no living man had looted this treasure house,

2.1

Pero ningún hombre vivo había saqueado esta casa del tesoro,

and the dead were dead;

2.2

y los muertos estaban muertos;

2.3 wherefore John Thornton and Pete and Hans, with Buck and half a dozen other dogs, faced into the East on an unknown trail to achieve where men and dogs as good as themselves had failed.

por lo que John Thornton y Pete y Hans, con Buck y media docena de perros más, se adentraron en el Este por un sendero desconocido para lograr lo que hombres y perros tan buenos como ellos habían fracasado.

2.4 They sledded seventy miles up the Yukon, swung to the left into the Stewart River, passed the Mayo and the McQuestion, and held on until the Stewart itself became a streamlet, threading the upstanding peaks which marked the backbone of the continent.

Remontaron en trineo setenta millas por el Yukón, giraron a la izquierda hacia el río Stewart, pasaron el Mayo y el McQuestion, y aguantaron hasta que el propio Stewart se convirtió en un riachuelo, enhebrando los picos erguidos que marcaban la espina dorsal del continente.

3.1 John Thornton asked little of man or nature.

John Thornton pedía poco al hombre o a la naturaleza.

3.2 He was unafraid of the wild.

No temía a lo salvaje.

3.3 With a handful of salt and a rifle he could plunge into the wilderness and fare wherever he pleased and as long as he pleased.

Con un puñado de sal y un rifle podía adentrarse en la naturaleza y buscarse la vida donde quisiera y durante el tiempo que quisiera.

3.4 Being in no haste, Indian fashion, he hunted his dinner in the course of the day's travel;

Sin prisas, al estilo indio, cazaba su cena en el transcurso del viaje del día;

and if he failed to find it, like the Indian, he kept on   3.5
travelling, secure in the knowledge that sooner or
later he would come to it.

y si no la encontraba, como el indio, seguía viajando,
seguro de que tarde o temprano la encontraría.

So, on this great journey into the East, straight meat   3.6
was the bill of fare, ammunition and tools principally
made up the load on the sled, and the time-card was
drawn upon the limitless future.

Así, en este gran viaje hacia el Este, la carne era la cuenta de
la comida, las municiones y las herramientas constituían
principalmente la carga del trineo, y la tarjeta del tiempo se
dibujaba en un futuro sin límites.

To Buck it was boundless delight, this hunting,   4.1
fishing, and indefinite wandering through strange
places.

Para Buck, la caza, la pesca y el vagabundeo indefinido por
lugares extraños eran un placer sin límites.

For weeks at a time they would hold on steadily, day   4.2
after day; and for weeks upon end they would camp,
here and there, the dogs loafing and the men burning
holes through frozen muck and gravel and washing
countless pans of dirt by the heat of the fire.

Durante semanas, día tras día, acampaban aquí y allá, los
perros holgazaneando y los hombres abriendo agujeros en
el lodo helado y la grava y lavando innumerables cacerolas
de tierra al calor del fuego.

Sometimes they went hungry, sometimes they   4.3
feasted riotously, all according to the abundance
of game and the fortune of hunting.

A veces pasaban hambre, otras se daban un festín
desenfrenado, todo según la abundancia de caza y la
fortuna de los cazadores.

4.4 Summer arrived, and dogs and men packed on their backs, rafted across blue mountain lakes, and descended or ascended unknown rivers in slender boats whipsawed from the standing forest.

Llegó el verano, y perros y hombres se echaron a la espalda el equipaje, cruzaron en balsa lagos azules de montaña y descendieron o ascendieron ríos desconocidos en esbeltas embarcaciones azotadas desde el bosque en pie.

5.1 The months came and went, and back and forth they twisted through the uncharted vastness, where no men were and yet where men had been if the Lost Cabin were true.

Los meses iban y venían, y avanzaban y retrocedían por la inmensidad inexplorada, donde no había hombres y, sin embargo, donde los hombres habían estado si la Cabaña Perdida era cierta.

5.2 They went across divides in summer blizzards, shivered under the midnight sun on naked mountains between the timber line and the eternal snows, dropped into summer valleys amid swarming gnats and flies, and in the shadows of glaciers picked strawberries and flowers as ripe and fair as any the Southland could boast.

Atravesaron divisorias en medio de ventiscas estivales, tiritaron bajo el sol de medianoche en montañas desnudas entre la línea de madera y las nieves eternas, se dejaron caer en valles estivales entre mosquitos y moscas enjambres, y a la sombra de los glaciares recogieron fresas y flores tan maduras y hermosas como cualquiera de las que podía presumir la Tierra del Sur.

In the fall of the year they penetrated a weird lake country, sad and silent, where wildfowl had been, but where then there was no life nor sign of life — only the blowing of chill winds, the forming of ice in sheltered places, and the melancholy rippling of waves on lonely beaches.

5.3

En el otoño del año penetraron en una extraña región lacustre, triste y silenciosa, donde había habido aves silvestres, pero donde entonces no había vida ni señales de vida: sólo el soplar de vientos helados, la formación de hielo en lugares protegidos y el melancólico ondular de las olas en playas solitarias.

And through another winter they wandered on the obliterated trails of men who had gone before.

6.1

Y durante otro invierno vagaron por los senderos borrados de los hombres que les habían precedido.

Once, they came upon a path blazed through the forest, an ancient path, and the Lost Cabin seemed very near.

6.2

Una vez se toparon con un sendero que atravesaba el bosque, un sendero antiguo, y la Cabaña Perdida parecía estar muy cerca.

But the path began nowhere and ended nowhere, and it remained mystery, as the man who made it and the reason he made it remained mystery.

6.3

Pero el sendero no empezaba ni terminaba en ninguna parte, y seguía siendo un misterio, como seguía siendo un misterio el hombre que lo hizo y la razón por la que lo hizo.

Another time they chanced upon the time-graven wreckage of a hunting lodge,

6.4

En otra ocasión se toparon por casualidad con los restos de un pabellón de caza,

6.5 **and amid the shreds of rotted blankets John Thornton found a long-barrelled flint-lock.**

y entre los jirones de mantas podridas John Thornton encontró una cerradura de pedernal de cañón largo.

6.6 **He knew it for a Hudson Bay Company gun of the young days in the Northwest, when such a gun was worth its height in beaver skins packed flat, And that was all — no hint as to the man who in an early day had reared the lodge and left the gun among the blankets.**

Sabía que se trataba de un arma de la Compañía de la Bahía de Hudson, de los días de juventud en el Noroeste, cuando un arma así valía lo que valía en pieles de castor empaquetadas en plano.

7.1 **Spring came on once more, and at the end of all their wandering they found, not the Lost Cabin, but a shallow placer in a broad valley where the gold showed like yellow butter across the bottom of the washing-pan.**

Llegó la primavera una vez más, y al final de todo su vagabundeo encontraron, no la Cabaña Perdida, sino un yacimiento poco profundo en un amplio valle donde el oro se mostraba como mantequilla amarilla en el fondo de la batea.

7.2 **They sought no farther.**

No buscaron más.

7.3 **Each day they worked earned them thousands of dollars in clean dust and nuggets,**

Cada día que trabajaban les reportaba miles de dólares en polvo limpio y pepitas,

7.4 **and they worked every day.**

y trabajaban todos los días.

The gold was sacked in moose-hide bags, fifty pounds to the bag, and piled like so much firewood outside the spruce-bough lodge. 7.5

Metieron el oro en sacos de piel de alce, de quince kilos cada uno, y lo apilaron como leña en el exterior de la cabaña de abetos.

Like giants they toiled, 7.6

Trabajaban como gigantes,

days flashing on the heels of days like dreams as they heaped the treasure up. 7.7

con días que se sucedían como sueños mientras amontonaban el tesoro.

There was nothing for the dogs to do, save the hauling in of meat now and again that Thornton killed, and Buck spent long hours musing by the fire. 8.1

Los perros no tenían nada que hacer, excepto traer de vez en cuando la carne que mataba Thornton, y Buck pasaba largas horas meditando junto al fuego.

The vision of the short-legged hairy man came to him more frequently, 8.2

La visión del hombre peludo de piernas cortas le venía con más frecuencia,

now that there was little work to be done; 8.3

ahora que había poco trabajo que hacer;

and often, blinking by the fire, Buck wandered with him in that other world which he remembered. 8.4

y a menudo, parpadeando junto al fuego, Buck vagaba con él por aquel otro mundo que recordaba.

The salient thing of this other world seemed fear. 9.1

Lo más destacado de este otro mundo parecía ser el miedo.

9.2 When he watched the hairy man sleeping by the fire, head between his knees and hands clasped above, Buck saw that he slept restlessly, with many starts and awakenings, at which times he would peer fearfully into the darkness and fling more wood upon the fire.

Cuando observó al hombre peludo que dormía junto al fuego, con la cabeza entre las rodillas y las manos entrelazadas, Buck vio que dormía inquieto, con muchos sobresaltos y despertares, en los que miraba temeroso en la oscuridad y echaba más leña al fuego.

9.3 Did they walk by the beach of a sea, where the hairy man gathered shellfish and ate them as he gathered, it was with eyes that roved everywhere for hidden danger and with legs prepared to run like the wind at its first appearance.

Si caminaban por la playa de un mar, donde el hombre peludo recogía mariscos y se los comía mientras los recogía, era con ojos que recorrían todas partes en busca de peligros ocultos y con las piernas preparadas para correr como el viento a su primera aparición.

9.4 Through the forest they crept noiselessly,

A través del bosque se arrastraron sin hacer ruido,

9.5 Buck at the hairy man's heels;

Buck pisándole los talones al hombre peludo;

9.6 and they were alert and vigilant, the pair of them, ears twitching and moving and nostrils quivering, for the man heard and smelled as keenly as Buck.

y estaban alerta y vigilantes, los dos, con las orejas agitadas y moviéndose y las fosas nasales temblando, porque el hombre oía y olía tan agudamente como Buck.

The hairy man could spring up into the trees and travel ahead as fast as on the ground, swinging by the arms from limb to limb, sometimes a dozen feet apart, letting go and catching, never falling, never missing his grip. 9.7

El hombre peludo podía saltar a los árboles y avanzar tan rápido como por el suelo, balanceándose por los brazos de rama en rama, a veces a una docena de pies de distancia, soltándose y agarrándose, sin caerse nunca, sin perder nunca el agarre.

In fact, 9.8

De hecho,

he seemed as much at home among the trees as on the ground; 9.9

parecía tan a gusto entre los árboles como en el suelo;

and Buck had memories of nights of vigil spent beneath trees wherein the hairy man roosted, 9.10

y Buck tenía recuerdos de noches de vigilia pasadas bajo los árboles en los que el hombre peludo se posaba,

holding on tightly as he slept. 9.11

agarrándose con fuerza mientras dormía.

And closely akin to the visions of the hairy man was the call still sounding in the depths of the forest. 10.1

Y muy parecida a las visiones del hombre peludo era la llamada que aún sonaba en las profundidades del bosque.

It filled him with a great unrest and strange desires. 10.2

Le llenó de una gran inquietud y de extraños deseos.

10.3 It caused him to feel a vague, sweet gladness, and he was aware of wild yearnings and stirrings for he knew not what.

Le hacía sentir una vaga y dulce alegría, y era consciente de salvajes anhelos y agitaciones por no sabía qué.

10.4 Sometimes he pursued the call into the forest, looking for it as though it were a tangible thing, barking softly or defiantly, as the mood might dictate.

A veces perseguía la llamada por el bosque, buscándola como si fuera algo tangible, ladrando suave o desafiantemente, según le dictara su estado de ánimo.

10.5 He would thrust his nose into the cool wood moss, or into the black soil where long grasses grew, and snort with joy at the fat earth smells;

Hundía la nariz en el fresco musgo del bosque, o en el suelo negro donde crecían las largas hierbas, y resoplaba de alegría por los olores a tierra grasa;

10.6 or he would crouch for hours, as if in concealment, behind fungus-covered trunks of fallen trees, wide-eyed and wide-eared to all that moved and sounded about him.

o se agazapaba durante horas, como si estuviera oculto, detrás de troncos de árboles caídos cubiertos de hongos, con los ojos muy abiertos y muy atento a todo lo que se movía y sonaba a su alrededor.

10.7 It might be, lying thus, that he hoped to surprise this call he could not understand.

Podría ser que, tumbado así, esperase sorprender esta llamada que no podía entender.

10.8 But he did not know why he did these various things.

Pero no sabía por qué hacía estas cosas.

He was impelled to do them,   10.9
Se sentía impelido a hacerlas,

and did not reason about them at all.   10.10
y no razonaba sobre ellas en absoluto.

Irresistible impulses seized him.   11.1
Le asaltaban impulsos irresistibles.

He would be lying in camp, dozing lazily in the heat   11.2
of the day, when suddenly his head would lift and
his ears cock up, intent and listening, and he would
spring to his feet and dash away, and on and on, for
hours, through the forest aisles and across the open
spaces where the niggerheads bunched.
Estaba tumbado en el campamento, dormitando
perezosamente en el calor del día, cuando de repente
levantaba la cabeza y aguzaba las orejas, atento y
escuchando, y se ponía en pie de un salto y salía corriendo,
y así durante horas, a través de los pasillos del bosque y por
los espacios abiertos donde se amontonaban los negros.

He loved to run down dry watercourses,   11.3
Le encantaba correr por los cursos de agua secos,

and to creep and spy upon the bird life in the woods.   11.4
arrastrarse y espiar a los pájaros del bosque.

For a day at a time he would lie in the underbrush   11.5
where he could watch the partridges drumming and
strutting up and down.
Se pasaba el día tumbado entre la maleza, donde podía ver a
las perdices tamborilear y pavonearse arriba y abajo.

11.6 But especially he loved to run in the dim twilight of the summer midnights, listening to the subdued and sleepy murmurs of the forest, reading signs and sounds as man may read a book, and seeking for the mysterious something that called — called, waking or sleeping, at all times, for him to come.

Pero, sobre todo, le encantaba correr en la penumbra de los mediodías de verano, escuchando los murmullos apagados y somnolientos del bosque, leyendo señales y sonidos como el hombre lee un libro, y buscando el algo misterioso que le llamaba, despierto o dormido, en todo momento, para que se acercara.

12.1 One night he sprang from sleep with a start, eager-eyed, nostrils quivering and scenting, his mane bristling in recurrent waves.

Una noche saltó de su sueño con un sobresalto, los ojos ansiosos, las fosas nasales temblorosas y olfateando, su melena erizada en ondas recurrentes.

12.2 From the forest came the call (or one note of it, for the call was many noted), distinct and definite as never before, — a long-drawn howl, like, yet unlike, any noise made by husky dog.

Desde el bosque llegó la llamada (o una nota de ella, porque la llamada se oía mucho), clara y definida como nunca antes: un aullido prolongado, como, aunque diferente, cualquier ruido hecho por un perro ronco.

12.3 And he knew it, in the old familiar way, as a sound heard before.

Y él lo reconoció, de la vieja manera familiar, como un sonido oído antes.

12.4 He sprang through the sleeping camp and in swift silence dashed through the woods.

Saltó a través del campamento dormido y en veloz silencio corrió a través del bosque.

As he drew closer to the cry he went more slowly, with caution in every movement, till he came to an open place among the trees, and looking out saw, erect on haunches, with nose pointed to the sky, a long, lean, timber wolf. 12.5

A medida que se acercaba al grito avanzaba más despacio, con cautela en cada movimiento, hasta que llegó a un lugar abierto entre los árboles, y mirando hacia afuera vio, erguido sobre sus ancas, con la nariz apuntando al cielo, un lobo largo y delgado.

He had made no noise, 13.1

No había hecho ningún ruido,

yet it ceased from its howling and tried to sense his presence. 13.2

pero dejó de aullar y trató de percibir su presencia.

Buck stalked into the open, half crouching, body gathered compactly together, tail straight and stiff, feet falling with unwonted care. 13.3

Buck acechaba al descubierto, medio agachado, con el cuerpo compacto, la cola recta y rígida, los pies cayendo con un cuidado inusitado.

Every movement advertised commingled threatening and overture of friendliness. 13.4

Cada movimiento anunciaba una mezcla de amenaza y obertura amistosa.

It was the menacing truce that marks the meeting of wild beasts that prey. 13.5

Era la tregua amenazadora que marca el encuentro de bestias salvajes que hacen presa.

But the wolf fled at sight of him. 13.6

Pero el lobo huyó al verlo.

13.7 He followed, with wild leapings, in a frenzy to overtake.

Lo siguió, con saltos salvajes, en un frenesí por alcanzarlo.

13.8 He ran him into a blind channel, in the bed of the creek where a timber jam barred the way.

Lo arrolló en un canal ciego, en el lecho del arroyo, donde un atasco de madera cerraba el paso.

13.9 The wolf whirled about, pivoting on his hind legs after the fashion of Joe and of all cornered husky dogs, snarling and bristling, clipping his teeth together in a continuous and rapid succession of snaps.

El lobo giró sobre sí mismo, pivotando sobre sus patas traseras a la manera de Joe y de todos los perros roncos acorralados, gruñendo y erizándose, chasqueando los dientes en una continua y rápida sucesión de chasquidos.

14.1 Buck did not attack,

Buck no atacó,

14.2 but circled him about and hedged him in with friendly advances.

sino que lo rodeó y lo cercó con avances amistosos.

14.3 The wolf was suspicious and afraid; for Buck made three of him in weight, while his head barely reached Buck's shoulder.

El lobo sospechaba y tenía miedo, porque Buck le sacaba tres puntos en peso, mientras que su cabeza apenas llegaba al hombro de Buck.

14.4 Watching his chance, he darted away, and the chase was resumed.

Viendo su oportunidad, se escabulló y se reanudó la persecución.

Time and again he was cornered, and the thing repeated, though he was in poor condition, or Buck could not so easily have overtaken him. 14.5

Una y otra vez era acorralado, y la cosa se repetía, aunque estaba en malas condiciones, o Buck no podría haberlo alcanzado tan fácilmente.

He would run till Buck's head was even with his flank, when he would whirl around at bay, only to dash away again at the first opportunity. 14.6

Corría hasta que la cabeza de Buck estaba a la altura de su flanco, y entonces se arremolinaba a su alrededor, para huir de nuevo a la primera oportunidad.

But in the end Buck's pertinacity was rewarded; for the wolf, finding that no harm was intended, finally sniffed noses with him. 15.1

Pero al final la pertinacia de Buck se vio recompensada, pues el lobo, al ver que no pretendía hacerle daño, acabó por olisquearse las narices con él.

Then they became friendly, and played about in the nervous, half-coy way with which fierce beasts belie their fierceness. 15.2

Entonces se hicieron amigos y jugueteron de la manera nerviosa y medio tímida con que las bestias feroces disimulan su ferocidad.

After some time of this the wolf started off at an easy lope in a manner that plainly showed he was going somewhere. 15.3

Después de un rato, el lobo se puso en marcha a paso ligero, de una manera que mostraba claramente que iba a alguna parte.

15.4 He made it clear to Buck that he was to come, and they ran side by side through the sombre twilight, straight up the creek bed, into the gorge from which it issued, and across the bleak divide where it took its rise.

Dejó claro a Buck que tenía que ir, y corrieron uno al lado del otro a través del sombrío crepúsculo, en línea recta por el lecho del arroyo, hacia el desfiladero del que salía, y a través de la sombría divisoria donde nacía.

16.1 On the opposite slope of the watershed they came down into a level country where were great stretches of forest and many streams, and through these great stretches they ran steadily, hour after hour, the sun rising higher and the day growing warmer.

En la vertiente opuesta de la cuenca descendieron a un terreno llano donde había grandes extensiones de bosque y muchos arroyos, y a través de estas grandes extensiones corrieron sin cesar, hora tras hora, mientras el sol subía y el día se hacía más cálido.

16.2 Buck was wildly glad.

Buck estaba tremendamente contento.

16.3 He knew he was at last answering the call,

Sabía que por fin estaba respondiendo a la llamada,

16.4 running by the side of his wood brother toward the place from where the call surely came.

corriendo al lado de su hermano del bosque hacia el lugar de donde seguramente provenía la llamada.

16.5 Old memories were coming upon him fast,

Viejos recuerdos acudían a él rápidamente,

267

and he was stirring to them as of old he stirred to the realities of which they were the shadows. 16.6

y se agitaba ante ellos como antaño se agitaba ante las realidades de las que eran sombras.

He had done this thing before, somewhere in that other and dimly remembered world, and he was doing it again, now, running free in the open, the unpacked earth underfoot, the wide sky overhead. 16.7

Ya había hecho esto antes, en algún lugar de ese otro mundo vagamente recordado, y lo estaba haciendo de nuevo, ahora, corriendo libre al aire libre, con la tierra desnuda bajo los pies y el amplio cielo sobre su cabeza.

They stopped by a running stream to drink, and, stopping, Buck remembered John Thornton. 17.1

Se detuvieron junto a un arroyo para beber y, al detenerse, Buck se acordó de John Thornton.

He sat down. 17.2

Se sentó.

The wolf started on toward the place from where the call surely came, then returned to him, sniffing noses and making actions as though to encourage him. 17.3

El lobo se puso en marcha hacia el lugar de donde seguramente procedía la llamada, y luego volvió hacia él, olfateando y haciendo gestos como para animarle.

But Buck turned about and started slowly on the back track. 17.4

Pero Buck dio media vuelta y emprendió lentamente el camino de vuelta.

For the better part of an hour the wild brother ran by his side, 17.5

Durante casi una hora el hermano salvaje corrió a su lado,

17.6 **whining softly.**
gimiendo suavemente.

17.7 **Then he sat down, pointed his nose upward, and howled.**
Luego se sentó, apuntó la nariz hacia arriba y aulló.

17.8 **It was a mournful howl, and as Buck held steadily on his way he heard it grow faint and fainter until it was lost in the distance.**
Era un aullido lúgubre, y mientras Buck se mantenía firme en su camino, lo oyó cada vez más débil hasta que se perdió en la distancia.

18.1 **John Thornton was eating dinner when Buck dashed into camp and sprang upon him in a frenzy of affection, overturning him, scrambling upon him, licking his face, biting his hand -**
John Thornton estaba cenando cuando Buck irrumpió en el campamento y se abalanzó sobre él en un frenesí de afecto, derribándolo, revolviéndose sobre él, lamiéndole la cara, mordiéndole la mano -

18.2 **"playing the general tom-fool," as John Thornton characterized it, the while he shook Buck back and forth and cursed him lovingly.**
"haciendo el tonto general," como John Thornton lo caracterizó, mientras sacudía a Buck de un lado a otro y lo maldecía cariñosamente.

19.1 **For two days and nights Buck never left camp,**
Durante dos días y dos noches,

19.2 **never let Thornton out of his sight.**
Buck no abandonó el campamento ni perdió de vista a Thornton.

He followed him about at his work, watched him while he ate, saw him into his blankets at night and out of them in the morning.

19.3

Lo siguió en su trabajo, lo observó mientras comía, lo vio meterse en sus mantas por la noche y salir de ellas por la mañana.

But after two days the call in the forest began to sound more imperiously than ever.

19.4

Pero al cabo de dos días la llamada del bosque empezó a sonar más imperiosa que nunca.

Buck's restlessness came back on him, and he was haunted by recollections of the wild brother, and of the smiling land beyond the divide and the run side by side through the wide forest stretches.

19.5

La inquietud de Buck volvió a apoderarse de él, y le atormentaron los recuerdos del hermano salvaje, y de la tierra sonriente más allá de la divisoria y la carrera lado a lado a través de las amplias extensiones de bosque.

Once again he took to wandering in the woods,

19.6

Una vez más comenzó a vagar por los bosques,

but the wild brother came no more;

19.7

pero el hermano salvaje no volvió más;

and though he listened through long vigils,

19.8

y aunque escuchó durante largas vigilias,

the mournful howl was never raised.

19.9

el aullido lúgubre nunca se elevó.

He began to sleep out at night,

20.1

Comenzó a dormir fuera por la noche,

20.2 staying away from camp for days at a time;

alejándose del campamento durante días enteros;

20.3 and once he crossed the divide at the head of the creek and went down into the land of timber and streams.

y una vez cruzó la divisoria en la cabecera del arroyo y descendió a la tierra de los bosques y los arroyos.

20.4 There he wandered for a week, seeking vainly for fresh sign of the wild brother, killing his meat as he travelled and travelling with the long, easy lope that seems never to tire.

Allí vagó durante una semana, buscando en vano señales frescas del hermano salvaje, matando su carne mientras viajaba y viajando con el paso largo y fácil que parece no cansarse nunca.

20.5 He fished for salmon in a broad stream that emptied somewhere into the sea, and by this stream he killed a large black bear, blinded by the mosquitoes while likewise fishing, and raging through the forest helpless and terrible.

Pescó salmones en un ancho arroyo que desembocaba en algún lugar del mar, y junto a este arroyo mató a un gran oso negro, cegado por los mosquitos mientras también pescaba, y que arrasaba el bosque indefenso y terrible.

20.6 Even so, it was a hard fight, and it aroused the last latent remnants of Buck's ferocity.

Aun así, fue una dura pelea, y despertó los últimos restos latentes de la ferocidad de Buck.

And two days later, when he returned to his kill and found a dozen wolverenes quarrelling over the spoil, he scattered them like chaff; 20.7

Y dos días después, cuando regresó a su presa y encontró a una docena de glotones peleándose por el botín, los dispersó como paja;

and those that fled left two behind who would quarrel no more. 20.8

y los que huyeron dejaron atrás a dos que no pelearían más.

The blood-longing became stronger than ever before. 21.1

El ansia de sangre se hizo más fuerte que nunca.

He was a killer, a thing that preyed, living on the things that lived, unaided, alone, by virtue of his own strength and prowess, surviving triumphantly in a hostile environment where only the strong survived. 21.2

Era un asesino, una presa que vivía de las cosas que vivían, sin ayuda, solo, en virtud de su propia fuerza y destreza, sobreviviendo triunfante en un entorno hostil en el que sólo sobrevivían los fuertes.

Because of all this he became possessed of a great pride in himself, 21.3

Por todo ello se sintió poseído de un gran orgullo de sí mismo,

which communicated itself like a contagion to his physical being. 21.4

que se comunicó como un contagio a su ser físico.

21.5 It advertised itself in all his movements, was apparent in the play of every muscle, spoke plainly as speech in the way he carried himself, and made his glorious furry coat if anything more glorious.

Se manifestaba en todos sus movimientos, era evidente en el juego de cada músculo, se expresaba claramente en su forma de comportarse y hacía que su glorioso pelaje fuera aún más glorioso.

21.6 But for the stray brown on his muzzle and above his eyes, and for the splash of white hair that ran midmost down his chest, he might well have been mistaken for a gigantic wolf, larger than the largest of the breed.

Si no fuera por el color castaño de su hocico y de sus ojos, y por la salpicadura de pelo blanco que recorría la mitad de su pecho, bien podría haber sido confundido con un lobo gigantesco, más grande que el más grande de la raza.

21.7 From his St. Bernard father he had inherited size and weight,

De su padre San Bernardo había heredado tamaño y peso,

21.8 but it was his shepherd mother who had given shape to that size and weight.

pero fue su madre pastora quien dio forma a ese tamaño y peso.

21.9 His muzzle was the long wolf muzzle,

Su hocico era el largo hocico del lobo,

21.10 save that it was larger than the muzzle of any wolf;

salvo que era más grande que el hocico de cualquier lobo;

and his head, somewhat broader, was the wolf head on a massive scale. 21.11

y su cabeza, algo más ancha, era la cabeza del lobo a escala masiva.

His cunning was wolf cunning, and wild cunning; 22.1

Su astucia era astucia de lobo, y astucia salvaje;

his intelligence, 22.2

su inteligencia,

shepherd intelligence and St. Bernard intelligence; 22.3

inteligencia de pastor e inteligencia de San Bernardo;

and all this, plus an experience gained in the fiercest of schools, made him as formidable a creature as any that roamed the wild. 22.4

y todo esto, más una experiencia adquirida en la más feroz de las escuelas, lo convertían en una criatura tan formidable como cualquiera que vagara por la naturaleza.

A carnivorous animal living on a straight meat diet, he was in full flower, at the high tide of his life, overspilling with vigor and virility. 22.5

Era un animal carnívoro que vivía a base de carne, estaba en plena floración, en el mejor momento de su vida, rebosante de vigor y virilidad.

When Thornton passed a caressing hand along his back, a snapping and crackling followed the hand, each hair discharging its pent magnetism at the contact. 22.6

Cuando Thornton le acariciaba la espalda con la mano, se producía un chasquido y un crujido, y cada pelo descargaba su magnetismo al contacto.

22.7 **Every part, brain and body, nerve tissue and fibre, was keyed to the most exquisite pitch;**

Cada parte, cerebro y cuerpo, tejido nervioso y fibra, estaba en el tono más exquisito;

22.8 **and between all the parts there was a perfect equilibrium or adjustment.**

y entre todas las partes había un equilibrio o ajuste perfecto.

22.9 **To sights and sounds and events which required action, he responded with lightning-like rapidity.**

A las imágenes, sonidos y acontecimientos que requerían acción, respondía con la rapidez del rayo.

22.10 **Quickly as a husky dog could leap to defend from attack or to attack,**

Tan rápido como un perro husky puede saltar para defenderse de un ataque o para atacar,

22.11 **he could leap twice as quickly.**

él podía saltar el doble de rápido.

22.12 **He saw the movement, or heard sound, and responded in less time than another dog required to compass the mere seeing or hearing.**

Veía el movimiento, o escuchaba el sonido, y respondía en menos tiempo del que otro perro necesitaría para calcular el mero hecho de ver u oír.

22.13 **He perceived and determined and responded in the same instant.**

Percibía, determinaba y respondía en el mismo instante.

In point of fact the three actions of perceiving, determining, and responding were sequential; but so infinitesimal were the intervals of time between them that they appeared simultaneous. 22.14

De hecho, las tres acciones de percibir, determinar y responder eran secuenciales, pero los intervalos de tiempo entre ellas eran tan infinitesimales que parecían simultáneas.

His muscles were surcharged with vitality, and snapped into play sharply, like steel springs. 22.15

Sus músculos estaban cargados de vitalidad y entraban en acción bruscamente, como resortes de acero.

Life streamed through him in splendid flood, glad and rampant, until it seemed that it would burst him asunder in sheer ecstasy and pour forth generously over the world. 22.16

La vida fluía a través de él en un torrente espléndido, alegre y desenfrenado, hasta que parecía que iba a desgarrarlo en puro éxtasis y derramarse generosamente sobre el mundo.

"Never was there such a dog," said John Thornton one day, 23.1

"Nunca hubo un perro así," dijo John Thornton un día,

as the partners watched Buck marching out of camp. 23.2

mientras los compañeros observaban a Buck marchando fuera del campamento.

"When he was made, the mould was broke," said Pete. 24.1

"Cuando se hizo, se rompió el molde," dijo Pete.

25.1 "Py jingo! I t'ink so mineself," Hans affirmed.

"¡Py jingo! Eso creo yo," afirmó Hans.

26.1 They saw him marching out of camp,

Lo vieron marchar fuera del campamento,

26.2 but they did not see the instant and terrible transformation which took place as soon as he was within the secrecy of the forest.

pero no vieron la instantánea y terrible transformación que tuvo lugar tan pronto como estuvo dentro del secreto del bosque.

26.3 He no longer marched.

Ya no marchaba.

26.4 At once he became a thing of the wild, stealing along softly, cat-footed, a passing shadow that appeared and disappeared among the shadows.

En seguida se convirtió en un ser salvaje, que se deslizaba suavemente, con pies de gato, una sombra pasajera que aparecía y desaparecía entre las sombras.

26.5 He knew how to take advantage of every cover, to crawl on his belly like a snake, and like a snake to leap and strike.

Sabía aprovechar cualquier cobertura, arrastrarse sobre el vientre como una serpiente y, como una serpiente, saltar y atacar.

26.6 He could take a ptarmigan from its nest, kill a rabbit as it slept, and snap in mid air the little chipmunks fleeing a second too late for the trees.

Podía arrancar una perdiz de su nido, matar un conejo mientras dormía, y romper en el aire las pequeñas ardillas listadas que huían un segundo demasiado tarde hacia los árboles.

Fish, in open pools, were not too quick for him; 26.7

Los peces, en charcas abiertas, no eran demasiado rápidos para él;

nor were beaver, mending their dams, too wary. 26.8

ni los castores, al reparar sus presas, demasiado cautelosos.

He killed to eat, not from wantonness; 26.9

Mataba para comer, no por capricho;

but he preferred to eat what he killed himself. 26.10

pero prefería comer lo que él mismo mataba.

So a lurking humor ran through his deeds, and it was 26.11
his delight to steal upon the squirrels, and, when he
all but had them, to let them go, chattering in mortal
fear to the treetops.

Así que un humor acechante corría a través de sus actos, y
era su deleite robar a las ardillas, y, cuando casi las tenía,
dejarlas ir, parloteando con miedo mortal a las copas de los
árboles.

As the fall of the year came on, the moose appeared in 27.1
greater abundance, moving slowly down to meet the
winter in the lower and less rigorous valleys.

A medida que avanzaba el otoño, los alces aparecían en
mayor abundancia y descendían lentamente para pasar el
invierno en los valles más bajos y menos rigurosos.

Buck had already dragged down a stray part-grown 27.2
calf; but he wished strongly for larger and more
formidable quarry, and he came upon it one day on
the divide at the head of the creek.

Buck ya había cazado un ternero medio crecido, pero
deseaba una presa más grande y formidable, y la encontró
un día en la divisoria a la cabeza del arroyo.

27.3 A band of twenty moose had crossed over from the land of streams and timber,

Un grupo de veinte alces había cruzado desde la tierra de los arroyos y los bosques,

27.4 and chief among them was a great bull.

y el principal de ellos era un gran toro.

27.5 He was in a savage temper, and, standing over six feet from the ground, was as formidable an antagonist as even Buck could desire.

Estaba en un temperamento salvaje, y, de pie a más de seis pies del suelo, era un antagonista tan formidable como Buck podría desear.

27.6 Back and forth the bull tossed his great palmated antlers, branching to fourteen points and embracing seven feet within the tips.

De un lado a otro, el toro sacudía su gran cornamenta palmada, que se ramificaba en catorce puntas y abarcaba siete pies en las puntas.

27.7 His small eyes burned with a vicious and bitter light,

Sus pequeños ojos ardían con una luz viciosa y amarga,

27.8 while he roared with fury at sight of Buck.

mientras rugía de furia al ver a Buck.

28.1 From the bull's side, just forward of the flank, protruded a feathered arrow-end, which accounted for his savageness.

Del costado del toro, justo por delante del flanco, sobresalía una punta de flecha emplumada, lo que explicaba su salvajismo.

Guided by that instinct which came from the old hunting days of the primordial world, 28.2

Guiado por ese instinto que provenía de los viejos días de caza del mundo primordial,

Buck proceeded to cut the bull out from the herd. 28.3

Buck procedió a separar al toro de la manada.

It was no slight task. 28.4

No era una tarea fácil.

He would bark and dance about in front of the bull, 28.5

Ladraba y bailaba delante del toro,

just out of reach of the great antlers and of the terrible splay hoofs which could have stamped his life out with a single blow. 28.6

justo fuera del alcance de la gran cornamenta y de las terribles pezuñas que podrían haberle arrancado la vida de un solo golpe.

Unable to turn his back on the fanged danger and go on, 28.7

Incapaz de dar la espalda al peligro de los colmillos y seguir adelante,

the bull would be driven into paroxysms of rage. 28.8

el toro entraba en paroxismos de ira.

At such moments he charged Buck, who retreated craftily, luring him on by a simulated inability to escape. 28.9

En esos momentos embestía a Buck, que retrocedía astutamente, atrayéndole con una simulada incapacidad para escapar.

But when he was thus separated from his fellows, 28.10

Pero cuando se separaba de sus compañeros,

28.11 two or three of the younger bulls would charge back upon Buck and enable the wounded bull to rejoin the herd.

dos o tres de los toros más jóvenes cargaban de nuevo contra Buck y permitían que el toro herido se reuniera con la manada.

29.1 There is a patience of the wild -

Hay una paciencia salvaje -

29.2 dogged, tireless, persistent as life itself -

pertina, incansable, persistente como la vida misma -

29.3 that holds motionless for endless hours the spider in its web, the snake in its coils, the panther in its ambuscade;

que mantiene inmóvil durante horas interminables a la araña en su tela, a la serpiente en sus enrosques, a la pantera en su emboscada;

29.4 this patience belongs peculiarly to life when it hunts its living food;

esta paciencia pertenece peculiarmente a la vida cuando caza su alimento vivo;

29.5 and it belonged to Buck as he clung to the flank of the herd, retarding its march, irritating the young bulls, worrying the cows with their half-grown calves, and driving the wounded bull mad with helpless rage.

y pertenecía a Buck mientras se aferraba al flanco de la manada, retrasando su marcha, irritando a los toros jóvenes, preocupando a las vacas con sus terneros a medio crecer, y volviendo loco de rabia impotente al toro herido.

29.6 For half a day this continued.

Esto continuó durante medio día.

Buck multiplied himself, attacking from all sides, 29.7
enveloping the herd in a whirlwind of menace,
cutting out his victim as fast as it could rejoin
its mates, wearing out the patience of creatures
preyed upon, which is a lesser patience than that
of creatures preying.

Buck se multiplicó, atacando por todos lados, envolviendo
a la manada en un torbellino de amenaza, eliminando
a su víctima tan rápido como podía reunirse con sus
compañeros, agotando la paciencia de las criaturas presa,
que es una paciencia menor que la de las criaturas presa.

As the day wore along and the sun dropped to its bed 30.1
in the northwest (the darkness had come back and
the fall nights were six hours long),

A medida que avanzaba el día y el sol caía en su lecho en el
noroeste (la oscuridad había vuelto y las noches de otoño
duraban seis horas),

the young bulls retraced their steps more and more 30.2
reluctantly to the aid of their beset leader.

los jóvenes toros volvían sobre sus pasos cada vez con más
desgana en ayuda de su acosado líder.

The down-coming winter was harrying them on to 30.3
the lower levels,

El invierno que se avecinaba los acosaba hacia los niveles
inferiores,

and it seemed they could never shake off this tireless 30.4
creature that held them back.

y parecía que nunca podrían librarse de la incansable
criatura que los retenía.

30.5 **Besides, it was not the life of the herd, or of the young bulls, that was threatened.**

Además, no era la vida de la manada, o de los toros jóvenes, lo que estaba amenazado.

30.6 **The life of only one member was demanded, which was a remoter interest than their lives, and in the end they were content to pay the toll.**

Sólo se exigía la vida de un miembro, que era un interés más remoto que sus vidas, y al final se contentaron con pagar el peaje.

31.1 **As twilight fell the old bull stood with lowered head, watching his mates -**

Al caer el crepúsculo, el viejo toro permanecía con la cabeza gacha, observando a sus compañeros -

31.2 **the cows he had known, the calves he had fathered, the bulls he had mastered -**

las vacas que había conocido, los terneros que había engendrado, los toros que había domado -

31.3 **as they shambled on at a rapid pace through the fading light.**

mientras avanzaban a paso rápido a través de la luz mortecina.

31.4 **He could not follow,**

No podía seguirlos,

31.5 **for before his nose leaped the merciless fanged terror that would not let him go.**

porque ante sus narices saltaba el terror despiadado de los colmillos que no le dejaba marchar.

Three hundredweight more than half a ton he weighed; 31.6

Pesaba trescientos kilos más de media tonelada;

he had lived a long, strong life, full of fight and struggle, and at the end he faced death at the teeth of a creature whose head did not reach beyond his great knuckled knees. 31.7

había vivido una vida larga y fuerte, llena de lucha y pelea, y al final se enfrentaba a la muerte a los dientes de una criatura cuya cabeza no llegaba más allá de sus grandes rodillas con nudillos.

From then on, night and day, Buck never left his prey, never gave it a moment's rest, never permitted it to browse the leaves of trees or the shoots of young birch and willow. 32.1

A partir de entonces, día y noche, Buck no abandonó a su presa, no le dio ni un momento de descanso, no le permitió hojear las hojas de los árboles ni los brotes de los jóvenes abedules y sauces.

Nor did he give the wounded bull opportunity to slake his burning thirst in the slender trickling streams they crossed. 32.2

Tampoco dio al toro herido la oportunidad de saciar su ardiente sed en los delgados arroyos que cruzaban.

Often, in desperation, he burst into long stretches of flight. 32.3

A menudo, desesperado, emprendía largas huidas.

32.4 At such times Buck did not attempt to stay him, but loped easily at his heels, satisfied with the way the game was played, lying down when the moose stood still, attacking him fiercely when he strove to eat or drink.

En esos momentos Buck no intentaba detenerlo, sino que le pisaba los talones con facilidad, satisfecho con la forma en que se desarrollaba el juego, tumbándose cuando el alce se quedaba quieto, atacándolo ferozmente cuando intentaba comer o beber.

33.1 The great head drooped more and more under its tree of horns,

La gran cabeza caía cada vez más bajo su árbol de cuernos,

33.2 and the shambling trot grew weak and weaker.

y el trote vacilante se hacía cada vez más débil.

33.3 He took to standing for long periods, with nose to the ground and dejected ears dropped limply; and Buck found more time in which to get water for himself and in which to rest.

Empezó a permanecer de pie durante largos periodos, con la nariz pegada al suelo y las orejas caídas y abatidas, y Buck encontró más tiempo para conseguir agua para sí mismo y para descansar.

33.4 At such moments, panting with red lolling tongue and with eyes fixed upon the big bull, it appeared to Buck that a change was coming over the face of things.

En esos momentos, jadeando con la lengua roja y los ojos fijos en el gran toro, a Buck le parecía que se estaba produciendo un cambio en la faz de las cosas.

33.5 He could feel a new stir in the land.

Podía sentir un nuevo movimiento en la tierra.

As the moose were coming into the land, 33.6

A medida que los alces entraban en la tierra,

other kinds of life were coming in. 33.7

otros tipos de vida lo hacían.

Forest and stream and air seemed palpitant with their 33.8
presence.

El bosque, el arroyo y el aire parecían palpitar con su
presencia.

The news of it was borne in upon him, not by sight, or 33.9
sound, or smell, but by some other and subtler sense.

La noticia le llegó, no por la vista, el oído o el olfato, sino
por algún otro sentido más sutil.

He heard nothing, saw nothing, yet knew that the 33.10
land was somehow different; that through it strange
things were afoot and ranging; and he resolved to
investigate after he had finished the business in
hand.

No oyó nada, no vio nada, pero supo que la tierra era de
algún modo diferente, que por ella corrían y se movían
cosas extrañas, y resolvió investigar después de terminar el
asunto que tenía entre manos.

At last, at the end of the fourth day, he pulled the 34.1
great moose down.

Por fin, al final del cuarto día, derribó al gran alce.

For a day and a night he remained by the kill, eating 34.2
and sleeping, turn and turn about.

Durante un día y una noche permaneció junto a la presa,
comiendo y durmiendo, dando vueltas y más vueltas.

34.3 **Then, rested, refreshed and strong, he turned his face toward camp and John Thornton.**

Luego, descansado, fresco y fuerte, volvió la cara hacia el campamento y hacia John Thornton.

34.4 **He broke into the long easy lope, and went on, hour after hour, never at loss for the tangled way, heading straight home through strange country with a certitude of direction that put man and his magnetic needle to shame.**

Emprendió el largo y fácil paso, y siguió adelante, hora tras hora, sin perder nunca el enredado camino, dirigiéndose directamente a casa a través de tierras extrañas con una certeza de dirección que avergonzaba al hombre y a su aguja magnética.

35.1 **As he held on he became more and more conscious of the new stir in the land.**

A medida que avanzaba, era cada vez más consciente de la nueva agitación de la tierra.

35.2 **There was life abroad in it different from the life which had been there throughout the summer.**

Había en ella una vida diferente de la que había habido durante todo el verano.

35.3 **No longer was this fact borne in upon him in some subtle, mysterious way.**

Ya no era un hecho que le llegara de forma sutil y misteriosa.

35.4 **The birds talked of it, the squirrels chattered about it, the very breeze whispered of it.**

Los pájaros hablaban de ello, las ardillas parloteaban, la misma brisa lo susurraba.

Several times he stopped and drew in the fresh morning air in great sniffs, 35.5
Varias veces se detuvo y aspiró el aire fresco de la mañana en grandes bocanadas,

reading a message which made him leap on with greater speed. 35.6
leyendo un mensaje que le hizo avanzar a mayor velocidad.

He was oppressed with a sense of calamity happening, 35.7
Le oprimía la sensación de que iba a ocurrir una calamidad,

if it were not calamity already happened; 35.8
si es que no había ocurrido ya;

and as he crossed the last watershed and dropped down into the valley toward camp, 35.9
y al cruzar la última divisoria de aguas y descender al valle en dirección al campamento,

he proceeded with greater caution. 35.10
procedió con mayor cautela.

Three miles away he came upon a fresh trail that sent his neck hair rippling and bristling, 36.1
A tres millas de distancia encontró un nuevo sendero que le erizó el vello de la nuca,

It led straight toward camp and John Thornton. 36.2
conducía directamente al campamento y a John Thornton.

36.3 Buck hurried on, swiftly and stealthily, every nerve straining and tense, alert to the multitudinous details which told a story — all but the end.

Buck se apresuró, rápido y sigiloso, con todos los nervios tensos, alerta a los multitudinarios detalles que contaban una historia — todo menos el final.

36.4 His nose gave him a varying description of the passage of the life on the heels of which he was travelling.

Su olfato le proporcionó una descripción variada del paso de la vida que le pisaba los talones.

36.5 He remarked the pregnant silence of the forest.

Observó el embarazoso silencio del bosque.

36.6 The bird life had flitted. The squirrels were in hiding.

Los pájaros habían volado. Las ardillas se habían escondido.

36.7 One only he saw, — a sleek gray fellow, flattened against a gray dead limb so that he seemed a part of it, a woody excrescence upon the wood itself.

Sólo vio una: un tipo gris y lustroso, aplastado contra una rama gris muerta, de modo que parecía parte de ella, una excrecencia leñosa en el bosque mismo.

37.1 As Buck slid along with the obscureness of a gliding shadow,

Mientras Buck se deslizaba con la oscuridad de una sombra que se desliza,

37.2 his nose was jerked suddenly to the side as though a positive force had gripped and pulled it.

su nariz fue sacudida bruscamente hacia un lado como si una fuerza positiva la hubiera agarrado y tirado de ella.

He followed the new scent into a thicket and found
Nig. 37.3

Siguió el nuevo olor hasta un matorral y encontró a Nig.

He was lying on his side, dead where he had dragged 37.4
himself, an arrow protruding, head and feathers,
from either side of his body.

Estaba tendido de lado, muerto donde se había arrastrado,
con una flecha que sobresalía, cabeza y plumas, a ambos
lados de su cuerpo.

A hundred yards farther on, 38.1

Cien metros más adelante,

Buck came upon one of the sled-dogs Thornton had 38.2
bought in Dawson.

Buck se topó con uno de los perros de trineo que Thornton
había comprado en Dawson.

This dog was thrashing about in a death-struggle, 38.3
directly on the trail, and Buck passed around him
without stopping.

Este perro se agitaba en una lucha mortal, directamente en
el sendero, y Buck pasó a su alrededor sin detenerse.

From the camp came the faint sound of many voices, 38.4

Desde el campamento llegaba el débil sonido de muchas
voces,

rising and falling in a sing-song chant. 38.5

que subían y bajaban en un canto cantarín.

38.6 **Bellying forward to the edge of the clearing, he found Hans, lying on his face, feathered with arrows like a porcupine.**

Adelantándose hasta el borde del claro, encontró a Hans, tendido de bruces, emplumado de flechas como un puercoespín.

38.7 **At the same instant Buck peered out where the spruce-bough lodge had been and saw what made his hair leap straight up on his neck and shoulders.**

En el mismo instante, Buck se asomó por donde había estado la cabaña de abetos y vio lo que le erizó el vello del cuello y los hombros.

38.8 **A gust of overpowering rage swept over him.**

Una ráfaga de rabia lo invadió.

38.9 **He did not know that he growled,**

No sabía que gruñía,

38.10 **but he growled aloud with a terrible ferocity.**

pero gruñó en voz alta con una ferocidad terrible.

38.11 **For the last time in his life he allowed passion to usurp cunning and reason,**

Por última vez en su vida permitió que la pasión usurpara la astucia y la razón,

38.12 **and it was because of his great love for John Thornton that he lost his head.**

y fue a causa de su gran amor por John Thornton que perdió la cabeza.

The Yeehats were dancing about the wreckage of the spruce-bough lodge when they heard a fearful roaring and saw rushing upon them an animal the like of which they had never seen before.

Los Yeehats bailaban entre los restos de la cabaña de abetos cuando oyeron un rugido espantoso y vieron precipitarse sobre ellos un animal como nunca habían visto.

It was Buck, a live hurricane of fury, hurling himself upon them in a frenzy to destroy.

Era Buck, un huracán vivo de furia, que se lanzaba sobre ellos en un frenesí destructor.

He sprang at the foremost man (it was the chief of the Yeehats),

Se abalanzó sobre el hombre que iba en cabeza (era el jefe de los Yeehats),

ripping the throat wide open till the rent jugular spouted a fountain of blood.

abriéndole la garganta hasta que la yugular desgarrada manó una fuente de sangre.

He did not pause to worry the victim, but ripped in passing, with the next bound tearing wide the throat of a second man.

No se detuvo a preocupar a la víctima, sino que desgarró de paso la garganta de un segundo hombre al siguiente salto.

There was no withstanding him.

No hubo quien le resistiera.

He plunged about in their very midst, tearing, rending, destroying, in constant and terrific motion which defied the arrows they discharged at him.

Se zambulló en medio de ellos, desgarrando, desgarrando, destruyendo, en un movimiento constante y terrible que desafiaba las flechas que descargaban contra él.

39.8 In fact, so inconceivably rapid were his movements, and so closely were the Indians tangled together, that they shot one another with the arrows;

De hecho, tan inconcebiblemente rápidos eran sus movimientos, y tan estrechamente estaban enredados los indios, que se disparaban unos a otros con las flechas;

39.9 and one young hunter, hurling a spear at Buck in mid air, drove it through the chest of another hunter with such force that the point broke through the skin of the back and stood out beyond.

y un joven cazador, lanzando una lanza a Buck en el aire, la clavó en el pecho de otro cazador con tal fuerza que la punta atravesó la piel de la espalda y sobresalió más allá.

39.10 Then a panic seized the Yeehats, and they fled in terror to the woods, proclaiming as they fled the advent of the Evil Spirit.

Entonces el pánico se apoderó de los Yeehats, y huyeron aterrorizados hacia el bosque, proclamando mientras huían el advenimiento del Espíritu Maligno.

40.1 And truly Buck was the Fiend incarnate,

Y Buck era la encarnación del demonio,

40.2 raging at their heels and dragging them down like deer as they raced through the trees.

pisándoles los talones y arrastrándolos como ciervos mientras corrían entre los árboles.

40.3 It was a fateful day for the Yeehats.

Fue un día fatídico para los Yeehats.

They scattered far and wide over the country, and it was not till a week later that the last of the survivors gathered together in a lower valley and counted their losses.

40.4

Se dispersaron por todo el país y no fue hasta una semana después cuando los últimos supervivientes se reunieron en un valle bajo y contaron sus pérdidas.

As for Buck, wearying of the pursuit, he returned to the desolated camp.

40.5

Buck, cansado de la persecución, regresó al campamento desolado.

He found Pete where he had been killed in his blankets in the first moment of surprise.

40.6

Encontró a Pete donde lo habían matado en sus mantas en el primer momento de sorpresa.

Thornton's desperate struggle was fresh-written on the earth,

40.7

La desesperada lucha de Thornton estaba recién escrita en la tierra,

and Buck scented every detail of it down to the edge of a deep pool.

40.8

y Buck olió cada detalle de ella hasta el borde de un profundo charco.

By the edge, head and fore feet in the water, lay Skeet, faithful to the last.

40.9

Junto al borde, con la cabeza y las patas delanteras en el agua, yacía Skeet, fiel hasta el final.

40.10 The pool itself, muddy and discolored from the sluice boxes, effectually hid what it contained, and it contained John Thornton; for Buck followed his trace into the water, from which no trace led away.

El charco mismo, fangoso y descolorido por las esclusas, ocultaba eficazmente lo que contenía, y contenía a John Thornton, pues Buck siguió su rastro hasta el agua, de donde no salía ningún rastro.

41.1 All day Buck brooded by the pool or roamed restlessly about the camp.

Durante todo el día Buck meditó junto al estanque o vagó inquieto por el campamento.

41.2 Death, as a cessation of movement, as a passing out and away from the lives of the living, he knew, and he knew John Thornton was dead.

Conocía la muerte como un cese del movimiento, como un alejamiento de la vida de los vivos, y sabía que John Thornton había muerto.

41.3 It left a great void in him, somewhat akin to hunger, but a void which ached and ached, and which food could not fill, At times, when he paused to contemplate the carcasses of the Yeehats, he forgot the pain of it;

A veces, cuando se detenía a contemplar los cadáveres de los Yeehats, olvidaba el dolor;

41.4 and at such times he was aware of a great pride in himself,

y en esos momentos era consciente de un gran orgullo en sí mismo,

41.5 — a pride greater than any he had yet experienced.

un orgullo mayor que cualquier otro que hubiera experimentado hasta entonces.

He had killed man, the noblest game of all, and he had killed in the face of the law of club and fang. 41.6

Había matado al hombre, la caza más noble de todas, y había matado enfrentándose a la ley del garrote y el colmillo.

He sniffed the bodies curiously. 41.7

Olfateó los cuerpos con curiosidad.

They had died so easily. 41.8

Habían muerto tan fácilmente.

It was harder to kill a husky dog than them. 41.9

Era más difícil matar a un perro husky que a ellos.

They were no match at all, were it not for their arrows and spears and clubs. 41.10

No eran rival en absoluto, si no fuera por sus flechas, lanzas y garrotes.

Thenceforward he would be unafraid of them except when they bore in their hands their arrows, spears, and clubs. 41.11

A partir de entonces no les temería, salvo cuando llevaran en las manos sus flechas, lanzas y garrotes.

Night came on, and a full moon rose high over the trees into the sky, lighting the land till it lay bathed in ghostly day. 42.1

Llegó la noche y la luna llena se elevó por encima de los árboles hacia el cielo, iluminando la tierra hasta que quedó bañada por un día fantasmal.

42.2 And with the coming of the night, brooding and mourning by the pool, Buck became alive to a stirring of the new life in the forest other than that which the Yeehats had made, He stood up, listening and scenting.

Y con la llegada de la noche, Buck, meditabundo y afligido junto al estanque, percibió una agitación de la nueva vida en el bosque, distinta de la que habían creado los Yeehats, y se puso de pie, escuchando y olfateando.

42.3 From far away drifted a faint, sharp yelp, followed by a chorus of similar sharp yelps.

A lo lejos se oyó un aullido débil y agudo, seguido de un coro de aullidos agudos similares.

42.4 As the moments passed the yelps grew closer and louder.

A medida que pasaban los momentos, los aullidos se hacían más cercanos y más fuertes.

42.5 Again Buck knew them as things heard in that other world which persisted in his memory.

Una vez más Buck los reconoció como cosas oídas en ese otro mundo que persistía en su memoria.

42.6 He walked to the centre of the open space and listened.

Caminó hasta el centro del espacio abierto y escuchó.

42.7 It was the call, the many-noted call, sounding more luringly and compellingly than ever before.

Era la llamada, la llamada de muchos, que sonaba más atractiva y convincente que nunca.

42.8 And as never before, he was ready to obey.

Y como nunca antes, estaba dispuesto a obedecer.

John Thornton was dead. The last tie was broken.   42.9
John Thornton había muerto. El último lazo se había roto.

Man and the claims of man no longer bound him.   42.10
El hombre y las pretensiones del hombre ya no le ataban.

Hunting their living meat, as the Yeehats were   43.1
hunting it, on the flanks of the migrating moose,
the wolf pack had at last crossed over from the land of
streams and timber and invaded Buck's valley.
Cazando su carne viva, como la cazaban los Yeehats, en los
flancos de los alces migratorios, la manada de lobos había
cruzado por fin desde la tierra de los arroyos y los bosques e
invadido el valle de Buck.

Into the clearing where the moonlight streamed, they   43.2
poured in a silvery flood;
Entraron en el claro donde la luz de la luna se derramaba en
un torrente plateado;

and in the centre of the clearing stood Buck,   43.3
motionless as a statue, waiting their coming.
y en el centro del claro estaba Buck, inmóvil como una
estatua, esperando su llegada.

They were awed, so still and large he stood, and   43.4
a moment's pause fell, till the boldest one leaped
straight for him.
Estaban asombrados, tan inmóvil y grande que estaba, y
hubo una pausa de un momento, hasta que el más audaz
saltó directamente hacia él.

Like a flash Buck struck, breaking the neck.   43.5
Buck le golpeó como un rayo, rompiéndole el cuello.

43.6 **Then he stood, without movement, as before, the stricken wolf rolling in agony behind him.**

Luego se quedó de pie, sin moverse, como antes, con el lobo herido rodando en agonía detrás de él.

43.7 **Three others tried it in sharp succession;**

Otros tres lo intentaron en aguda sucesión;

43.8 **and one after the other they drew back,**

y uno tras otro retrocedieron,

43.9 **streaming blood from slashed throats or shoulders.**

manando sangre de gargantas u hombros acuchillados.

44.1 **This was sufficient to fling the whole pack forward, pell-mell, crowded together, blocked and confused by its eagerness to pull down the prey.**

Esto fue suficiente para lanzar a toda la manada hacia adelante, amontonados, bloqueados y confundidos por su afán de derribar a la presa.

44.2 **Buck's marvellous quickness and agility stood him in good stead.**

La maravillosa rapidez y agilidad de Buck le ayudaron.

44.3 **Pivoting on his hind legs, and snapping and gashing, he was everywhere at once, presenting a front which was apparently unbroken so swiftly did he whirl and guard from side to side.**

Pivotando sobre sus patas traseras, y chasqueando y golpeando, estaba en todas partes a la vez, presentando un frente que aparentemente no se rompía, tan rápido giraba y se protegía de un lado a otro.

But to prevent them from getting behind him, he was forced back, down past the pool and into the creek bed, till he brought up against a high gravel bank. 44.4

Pero para evitar que se pusieran detrás de él, le obligaron a retroceder, pasando el estanque y adentrándose en el lecho del arroyo, hasta que se topó con un alto banco de grava.

He worked along to a right angle in the bank which the men had made in the course of mining, and in this angle he came to bay, protected on three sides and with nothing to do but face the front. 44.5

Trabajó a lo largo de un ángulo recto en el banco que los hombres habían hecho en el curso de la minería, y en este ángulo llegó a la bahía, protegido por tres lados y sin nada que hacer más que mirar hacia el frente.

And so well did he face it, 45.1

Y tan bien lo afrontó,

that at the end of half an hour the wolves drew back discomfited. 45.2

que al cabo de media hora los lobos se retiraron desconcertados.

The tongues of all were out and lolling, 45.3

Todos tenían la lengua fuera,

the white fangs showing cruelly white in the moonlight. 45.4

y los colmillos blancos se mostraban cruelmente blancos a la luz de la luna.

Some were lying down with heads raised and ears pricked forward; 45.5

Algunos estaban tumbados con la cabeza levantada y las orejas aguzadas;

45.6 others stood on their feet, watching him;

otros se mantenían en pie, observándole;

45.7 and still others were lapping water from the pool.

y otros lamían el agua del estanque.

45.8 One wolf, long and lean and gray, advanced cautiously, in a friendly manner, and Buck recognized the wild brother with whom he had run for a night and a day.

Un lobo, largo, delgado y gris, avanzó cautelosamente, de manera amistosa, y Buck reconoció al hermano salvaje con el que había corrido durante una noche y un día.

45.9 He was whining softly, and, as Buck whined, they touched noses.

Lloriqueaba suavemente y, mientras Buck lloriqueaba, se tocaron las narices.

46.1 Then an old wolf, gaunt and battle-scarred, came forward.

Entonces se acercó un viejo lobo, demacrado y con cicatrices de batalla.

46.2 Buck writhed his lips into the preliminary of a snarl, but sniffed noses with him, Whereupon the old wolf sat down, pointed nose at the moon, and broke out the long wolf howl.

Buck torció los labios en el preliminar de un gruñido, pero olfateó narices con él, Con lo cual el viejo lobo se sentó, apuntó la nariz a la luna, y estalló el largo aullido de lobo.

46.3 The others sat down and howled.

Los otros se sentaron y aullaron.

And now the call came to Buck in unmistakable accents. 46.4

Y ahora la llamada llegó a Buck en acentos inconfundibles.

He, too, sat down and howled. 46.5

Él también se sentó y aulló.

This over, he came out of his angle and the pack crowded around him, sniffing in half-friendly, half-savage manner. 46.6

Una vez hecho esto, salió de su ángulo y la manada se agolpó a su alrededor, olfateando de manera medio amistosa, medio salvaje.

The leaders lifted the yelp of the pack and sprang away into the woods. 46.7

Los líderes levantaron el aullido de la manada y se alejaron corriendo hacia el bosque.

The wolves swung in behind, yelping in chorus. 46.8

Los lobos se arremolinaron detrás, aullando a coro.

And Buck ran with them, side by side with the wild brother, yelping as he ran. 46.9

Y Buck corrió con ellos, codo con codo con el hermano salvaje, aullando mientras corría.

And here may well end the story of Buck. 48.1

Y aquí puede terminar la historia de Buck.

48.2 The years were not many when the Yeehats noted a change in the breed of timber wolves;

No habían transcurrido muchos años cuando los Yeehats notaron un cambio en la raza de los lobos de los bosques;

48.3 for some were seen with splashes of brown on head and muzzle,

pues algunos fueron vistos con salpicaduras de marrón en la cabeza y el hocico,

48.4 and with a rift of white centring down the chest.

y con una hendidura de blanco centrada en el pecho.

48.5 But more remarkable than this,

Pero más notable que esto,

48.6 the Yeehats tell of a Ghost Dog that runs at the head of the pack.

los Yeehats hablan de un Perro Fantasma que corre a la cabeza de la manada.

48.7 They are afraid of this Ghost Dog, for it has cunning greater than they, stealing from their camps in fierce winters, robbing their traps, slaying their dogs, and defying their bravest hunters.

Tienen miedo de este Perro Fantasma, porque es más astuto que ellos, roba de sus campamentos en inviernos feroces, roba sus trampas, mata a sus perros y desafía a sus cazadores más valientes.

49.1 Nay, the tale grows worse.

Es más, la historia empeora.

49.2 Hunters there are who fail to return to the camp,

Hay cazadores que no regresan al campamento,

and hunters there have been whom their tribesmen
found with throats slashed cruelly open and with
wolf prints about them in the snow greater than the
prints of any wolf.

49.3

y ha habido cazadores a los que los miembros de su tribu
han encontrado cruelmente degollados y con huellas de
lobo en la nieve más grandes que las huellas de cualquier
lobo.

Each fall, when the Yeehats follow the movement of
the moose, there is a certain valley which they never
enter.

49.4

Cada otoño, cuando los Yeehats siguen el movimiento de
los alces, hay cierto valle en el que nunca entran.

And women there are who become sad when the
word goes over the fire of how the Evil Spirit came to
select that valley for an abiding-place.

49.5

Y hay mujeres que se entristecen cuando se corre la voz de
que el Espíritu Maligno eligió ese valle como morada.

In the summers there is one visitor, however, to that
valley, of which the Yeehats do not know.

50.1

Sin embargo, en verano hay un visitante en ese valle que los
Yeehats no conocen.

It is a great, gloriously coated wolf, like, and yet
unlike, all other wolves.

50.2

Es un lobo grande, de pelaje glorioso, como todos los demás
lobos, pero diferente.

He crosses alone from the smiling timber land and
comes down into an open space among the trees.

50.3

Cruza solo desde la sonriente tierra boscosa y desciende a
un espacio abierto entre los árboles.

50.4 **Here a yellow stream flows from rotted moose-hide sacks and sinks into the ground,**

Aquí un arroyo amarillo fluye desde sacos podridos de piel de alce y se hunde en el suelo,

50.5 **with long grasses growing through it and vegetable mould overrunning it and hiding its yellow from the sun;**

con largas hierbas creciendo a través de él y moho vegetal cubriéndolo y ocultando su amarillo del sol;

50.6 **and here he muses for a time, howling once, long and mournfully, ere he departs.**

y aquí medita durante un tiempo, aullando una vez, larga y lúgubremente, antes de partir.

51.1 **But he is not always alone.**

Pero no siempre está solo.

51.2 **When the long winter nights come on and the wolves follow their meat into the lower valleys, he may be seen running at the head of the pack through the pale moonlight or glimmering borealis, leaping gigantic above his fellows, his great throat a-bellow as he sings a song of the younger world, which is the song of the pack.**

Cuando llegan las largas noches de invierno y los lobos siguen a su carne a los valles más bajos, se le puede ver corriendo a la cabeza de la manada a través de la pálida luz de la luna o del resplandor boreal, saltando gigantesco por encima de sus compañeros, con su gran garganta rugiendo mientras canta una canción del mundo más joven, que es la canción de la manada.

Möwenstein Books

www.mowenstein.com

Renowned Authors

H. G. Wells · Ernest Hemingway
H. P. Lovecraft · Lewis Carroll
Franz Kafka · Friedrich Nietzsche
Albert Einstein · Oscar Wilde
Hans Christian Andersen

Notable Works

Frankenstein · *Alice in Wonderland*
Heart of Darkness · *The Great Gatsby*
Siddhartha · *The Metamorphosis*
Thus Spoke Zarathustra

Translation Services

We offer translation services in various languages, including German, Spanish, Chinese, Korean, Arabic, and more. For custom translations or revisions, please contact us at:

Email: translation@mowenstein.com

Our Collections

Franz Kafka Collection

- The Metamorphosis / Die Verwandlung
- The Trial / Der Prozess
- The Castle / Das Schloss
- and many more...

Pakt mit dem Teufel

- Faust Parts I & II by Johann Wolfgang von Goethe
- Doctor Faustus by Christopher Marlowe

Portraits of Irishmen

- The Picture of Dorian Gray by Oscar Wilde
- A Portrait of the Artist as a Young Man by James Joyce

Children's Classics

- Winnie-the-Pooh / Pu der Bär
- Brothers Grimm Fairy Tales
- Fairy Tales Told for Children
    - Author: Hans Christian Andersen

Visit Us

At Möwenstein Books, we are committed to providing high-quality bilingual editions of classic works. Explore our collections and discover more titles across various genres and languages.

Website: www.mowenstein.com